W0279527

Les 7 lois du changement

Comment modifier son destin !

Maxime Coignard

Les 7 lois du changement

Comment modifier son destin !

MARABOUT

© Hachette Livre (Marabout), 2017

Toute reproduction d'un extrait quelconque de ce livre, par quelque procédé que ce soit, et notamment par photocopie ou microfilm, est interdite sans autorisation écrite de l'éditeur.

Aucune partie de ce livre ne peut être reproduite sous quelque forme que ce soit ou par quelque moyen électronique ou mécanique que ce soit, y compris des systèmes de stockage d'information ou de recherche documentaire, sans autorisation écrite de l'éditeur.

À mes parents.

Sommaire

Introduction

Décidons-nous réellement de nos vies ou est-ce « la vie » qui décide pour nous ?

Difficile de répondre à cette question tant elle agite de débats… Notre libre arbitre et notre raison ne sont pas les seuls moteurs de nos choix. Notre environnement, les valeurs héritées de notre éducation, nos pulsions, nos émotions les déterminent aussi, brouillant ce qu'il y a de positif et d'authentique en nous. Notre société est caractérisée par des évolutions rapides favorables mais aussi potentiellement destructrices. La quête de la performance, une concurrence exacerbée et la perte des repères du passé poussent à oublier l'essentiel : qui sommes-nous vraiment ? Comment développer nos talents sans perdre notre existence à nous comparer sans cesse à tel ou tel, autrement dit à vivre avec l'obsession de la réussite sociale et de l'opinion des autres ? Comment rompre avec cette fuite en avant qui conduit à oublier l'essentiel : nous-mêmes ? Quand ce n'est pas la maladie qui nous plonge dans l'inconnu.

À six ans, mon visage et mon corps se raidissent brutalement : une crise d'épilepsie vient troubler mon insouciance. C'est que cette maladie survient de façon inattendue. Elle fragilise la vie psychique de l'enfant. Plus que la maladie elle-même, la possibilité d'avoir une crise soudaine devient un véritable handicap. La peur de faire une crise en public ou de se blesser incite au repli sur soi et vous rend différent aux yeux des autres.

Ainsi, durant de nombreuses années, ma plus grande inquiétude est de perdre le contrôle de mon corps. Cette volonté de maîtrise totale me rassure. Elle absorbe aussi une grande partie de mon énergie. En m'efforçant constamment de surmonter une éventuelle crise, j'adopte peu à peu une attitude qui nuit à mon développement personnel. J'ai depuis eu la chance de guérir de cette affection neurologique au milieu de mon adolescence, soutenu par l'amour inconditionnel de mes parents.

Pourquoi ai-je choisi de convoquer ce mauvais souvenir ? Parce qu'il appuie le propos que je souhaite vous faire passer dans ce livre : vouloir tout contrôler nous limite dans l'expression de nos désirs. La plupart du temps, nous préférons nous éloigner de ce qui nous gêne, de peur de devoir nous remettre en question.

Cette volonté de maîtrise a eu des vertus dans ma vie d'adulte – elle a servi de base à ma quête d'excellence, de réussite et de reconnaissance sociale – mais avec le temps, elle a généré beaucoup de frustrations. Notamment le sentiment profond de ne pas être à la bonne place, d'être devenu un « robot » social et brillant, une coquille vide.

Ce pouvoir de contrôle sur ma vie a volé en éclats le jour de mes 37 ans, alors que j'étais en pleine dépression, divorce et impasse professionnelle. Après avoir longuement vécu et travaillé en Australie et en Asie, j'ai fait le choix de revenir habiter ma ville de cœur, Paris. J'ai rapporté dans mes bagages une question obsédante : comment redonner un sens à mon existence ? J'ai fini par comprendre que me « remettre en vie » passerait par un changement radical.

Deux jours après mon retour en France, je me sentais profondément seul au monde. Paralysé par la peur, je n'arrivais plus à voir les choses de façon positive. Le chaos m'aveuglait. J'aurais aimé qu'un ami vienne s'asseoir à mes côtés pour me lire le dernier chapitre de cet ouvrage, qui explique que du chaos naissent les étoiles… Cela m'aurait permis de lâcher prise pour trouver la force intérieure d'affronter les épreuves et faire le premier pas vers mon propre changement !

La décision qui a changé le cours de mon destin me donne chaque jour le sentiment d'être pleinement en vie et enfin en harmonie avec mes désirs. C'est en accompagnant des femmes et des hommes dans leur développement que j'ai trouvé le sens de ma vie.

À travers mon expérience, mes recherches et grâce à des explications et des illustrations tirées de l'histoire de personnes célèbres ou d'anonymes ayant connu un parcours hors du commun, mon objectif est de vous aider à prendre les bonnes décisions pour créer des changements positifs et durables dans votre vie.

Tous les chapitres de ce livre reflètent un état ou une situation que chacun de nous a vécu ou va vivre : la peur, le rêve, l'intuition, l'émotion, l'ego, notre rapport aux autres… Vous êtes peut-être en train de faire l'expérience d'une décision intuitive ou de gérer une personne égocentrique et vous ne savez plus trop où vous en êtes. Plongez-vous dans l'une des sept lois du changement pour passer à l'action ! À votre gré, naviguez librement au travers des pages, maintenant ou à tout moment de votre vie, quand le besoin s'en fera sentir. Vous pouvez aussi lire les chapitres dans l'ordre et parcourir à votre rythme le chemin qui vous attend pour trouver votre nouveau moi. Bonne route !

LOI 1

Ne laissez pas la peur décider pour vous

Une émotion primitive

La peur est-elle une invention de l'esprit, une folie ? Non, c'est une émotion ressentie en présence d'un danger, ou d'une menace, déjà là ou qui semble imminent. Elle entraîne souvent une inhibition de la pensée et l'on observe des troubles du comportement : tremblements, hausse de la fréquence cardiaque, perturbation de la respiration, chair de poule, sueurs froides, etc., dus à la sécrétion de l'adrénaline, l'hormone de la peur.

La peur est l'une des quatre grandes émotions de base, les autres étant la joie, la tristesse et la colère. Chacune d'elles a ses inconvénients, ses effets indésirables et… son utilité. La peur est sans doute la plus ancienne. Depuis l'aube de l'humanité, l'homme a dû lutter pour s'abriter, boire et manger. Cette obsession de la survie concerne malheureusement encore aujourd'hui une partie de la population mondiale. Plus près de nous, les nombreux attentats commis ces dernières décennies n'ont fait qu'exacerber notre peur, soutenue par l'information omniprésente et en temps réel, entretenant une sorte de psychose collective constante. En parallèle, les bouleversements économiques qui accompagnent la mondialisation sont si déstabilisants que, phénomène nouveau, certains se demandent même s'il est bien raisonnable d'élever un enfant à notre époque. La crainte de l'avenir est planétaire, et le pessimisme a gagné de nombreux esprits.

Or, en période troublée, nous devons conserver plus que jamais une dynamique positive. Elle seule est garante des bons choix et des changements constructifs dans notre vie, qu'ils soient individuels ou collectifs.

Car la peur est nuisible quand elle est excessive, inappropriée. Elle a tôt fait de se transformer en virus, provoquant sur son passage une désorganisation et un emballement de notre système nerveux, menant à des réactions impulsives, irréfléchies comme le repli sur soi, la colère, la violence ou le refus de la nouveauté, et nous conduisant à prendre des décisions erronées et/ou autodestructrices.

Apprivoisez la peur pour vous en servir

Quand notre ancêtre de la Préhistoire a été confronté pour la première fois à une situation potentiellement mortelle, il n'avait pas conscience de la menace. C'est seulement après avoir connu cette situation et éprouvé ses conséquences que l'angoisse est apparue. Elle l'a par la suite encouragé à la prudence. Notre aïeul a ainsi développé diverses stratégies pour tenter d'éviter le danger : il s'est mis à l'abri dans des cavernes, a fabriqué des armes rudimentaires… Sans la mémoire qui associe danger et peur, la survie serait tout bonnement impossible. Qu'il s'agisse de la peur de mourir, de l'inconnu, de l'échec, toute crainte s'accompagne de phénomènes physiques comme la production soudaine et abondante d'adrénaline, permettant de réagir face au danger : on peut soit fuir, soit combattre et se défendre efficacement. Avant d'être excessif ou pathologique, cet état physiologique spontané est un signal d'alarme contre une menace ou un conflit destiné à enclencher une réponse appropriée. La peur n'est donc pas toujours un obstacle à notre épanouissement. Son apparition est même féconde, en ce sens qu'elle renforce notre intelligence et nos facultés d'adaptation. À condition d'en tirer parti au lieu de la subir.

Il faut apprendre à l'apprivoiser pour la transformer en miroir dynamisant, qui vous renverra une image positive de vous-même et vous poussera à agir dans le bon sens. Car, non domestiquée, la peur représente à l'inverse un lourd handicap dans nos prises de décision. Elle peut nous conduire au pire, en nous poussant à des choix extrêmes comme le recours à une violence aveugle ou le plongeon dans l'autodestruction. Une sorte d'autopunition en réponse à la peur panique de l'échec.

Bien gérée, la crainte peut changer votre destin en vous poussant à faire des choix raisonnables et bénéfiques. Prenons un exemple : vous êtes au chômage, vous subissez une baisse de revenus. C'est l'occasion de prendre précisément conscience de la situation, sans terreur ni paralysie, pour vous comporter de façon adéquate : vous allez économiser et passer votre temps à rechercher un nouvel emploi ou vous tourner vers la création d'une entreprise. De plus, si vous transmettez votre peur à vos proches, vous courez le risque d'accentuer une dynamique négative, plus personne n'osera aborder la question. En revanche, si vous mettez cette peur à distance, que vous la relativisez, votre entourage sera derrière vous, l'échange sera possible.

Car, presque toujours, la plupart des peurs peuvent être surmontées. Les surmonter permet un processus de maturation de l'esprit et de la personne, qui fait que la peur finit par disparaître.

L'essentiel est donc de réagir et non de surréagir. Plus facile à dire qu'à faire ! Notre esprit s'emballe quelquefois, alors même que le défi est lointain ou déjà relevé : « Il aurait pu m'arriver ceci ou cela, j'ai évité le pire, mais il pourrait survenir à tout moment… » Ce genre de pensées, obsédantes, poussées à l'extrême, crée de nouveaux stress, sans objet, nous aveugle et vide notre énergie. Nous avons « peur d'avoir peur ». Peur de la foule qui nous oppresse, alors nous évitons les transports en commun, ce qui nous complique tant la vie que cela provoque une angoisse redoublée...

Il ne s'agit pas de masquer notre anxiété, mais au contraire de la regarder droit dans les yeux. Inutile de culpabiliser : la peur, même excessive, est naturelle. Le courage ne consiste pas à l'éradiquer, comme on le croit souvent, mais à la laisser de côté en prenant conscience que cette création mentale est inopérante, parce que liée à un passé révolu ou à un avenir improbable. À défaut, une spirale infernale se met en marche. Pour la briser, je vous recommande de vous appuyer sur ce que j'appelle des « piliers de sécurité ».

Brisez la spirale infernale grâce aux 3 piliers de sécurité

Nous avons tous connu des réussites, petites ou grandes. Mais la quête incessante du succès nous pousse à vivre dans le futur immédiat. Du coup, nous oublions ce que nous avons déjà accompli.

Un jour, nous échouons. Nous avons du mal à nous relever. Nous basculons dans l'immobilisme, au point de croire que nous sommes définitivement mauvais et incompétents. Comment nous redresser et retrouver notre énergie passée, celle qui nous a porté chance autrefois ?

L'EXERCICE DES 3 PILIERS

Je vous propose un exercice consistant à prendre appui sur ce que vous avez déjà réalisé de positif dans votre vie. Ces piliers de sécurité doivent être des éléments précis, essentiels à votre existence : il peut s'agir de vos bonnes relations avec vos parents, votre meilleur(e) ami(e), de l'appartement que vous possédez, de votre dernier diplôme ou certificat, ou encore de votre bonne santé. Je vous recommande d'être factuel : raisonnez comme un avocat qui prendrait la défense de son client ; sa plaidoirie sera fondée sur des éléments réels, vérifiables, en un mot, sur des preuves. Devenez votre propre avocat ! En visualisant ces pièces à conviction (le baccalauréat de votre fille ou la médaille de judo de votre fils), des ondes agréables vont vous traverser. Votre spirale négative va s'inverser, elle va se transformer en spirale positive apaisante et créer un sentiment de sécurité intérieur. Ce sentiment aura pour conséquence de réactiver votre raison d'être et de vous redonner la motivation indispensable à la dynamique du changement.

Je vous invite à noter dès maintenant vos 3 principaux piliers de sécurité.

- Pilier 1 : ______________________________
- Pilier 2 : ______________________________
- Pilier 3 : ______________________________

À chaque fois que vous sentez la crainte s'installer et vous empêcher d'avancer, énumérez-les intérieurement et ressentez à quel point ces piliers de sécurité sont porteurs d'apaisement pour votre présent et gages d'évolutions positives pour l'avenir.

Quand la peur vient d'un traumatisme

À l'origine d'une peur subite, un choc émotionnel. À l'origine du choc, un accident de voiture, la mort prématurée d'un être cher... En réaction à cet événement douloureux, on peut tomber malade, physiquement ou mentalement (dans les cas les plus graves, c'est le « stress posttraumatique »). La peur n'est pas seulement une impression pénible, mais aussi une douleur mesurable chimiquement, à long terme. Par exemple, des contractions musculaires répétées, parfois très lourdes, qui sont des crises de tétanie liées à un trouble anxieux généralisé.

Mon travail de coach consiste à identifier très vite, et en toute bienveillance, le traumatisme originel, plus ou moins refoulé, auprès de la personne que j'accompagne. Le but est de comprendre la cause de sa souffrance grâce à mes questions, que je veux claires et directes. Les silences, les non-dits, la fuite même de la personne sont instructifs. C'est le moment que je choisis pour entrer dans son histoire. À cet instant, j'aime lui dire que ce temps partagé est une « bulle suspendue », qui lui donnera le recul nécessaire à l'émergence d'une nouvelle dynamique stimulante et enrichissante pour elle-même.

Lorsque mon interlocuteur identifie la source du mal, le motif de sa peur, il peut enfin la mettre en perspective et apprendre à la dompter, ce qui va lui permettre de rompre avec un mode de décisions stéréotypé et inadapté.

Vous pouvez vous aussi vous engager dans cette voie et mesurer le degré d'ancrage de votre anxiété. Je vous invite à le faire avec l'exercice suivant.

L'EXERCICE DE L'INTROSPECTION

Racontez à une personne bienveillante, qui ne vous jugera pas, la chaîne des événements qui vous ont amené à cet état d'anxiété.

Le simple fait de l'évoquer vous insufflera une volonté nouvelle, celle de vous battre. Le poids de l'injustice que vous portez sur les épaules va s'estomper : vous comprendrez que le ciel ne vous est pas subitement tombé sur la tête. Quelque chose de tangible et d'explicable s'est produit.

Votre souffrance est enfin écoutée et reconnue. Même si elle n'est pas totalement comprise, en parler crée ou renforce votre puissance intérieure que vous pensiez perdue ; par puissance intérieure, j'entends la connaissance de vous-même. En effectuant ce travail d'introspection, vous retrouvez votre fil directeur et apprenez ainsi à maîtriser vos émotions sans qu'elles vous submergent. Vous renforcez en quelque sorte la pleine conscience de vos valeurs profondes, de tout ce qui est important pour vous et que vous désirez vraiment.

Cet exercice vous permettra d'accomplir beaucoup de choses, car en changeant de perspectives, vous pouvez vraiment modifier le cours de votre vie.

C'est ce qui s'est passé avec François.

FRANÇOIS ET SON MANQUE AFFECTIF

François, 35 ans, est obèse. Il va jusqu'à se lever la nuit pour manger… et combler un vide abyssal. Il vient de perdre son poste de consultant informatique et ne sait plus où il en est lorsqu'il prend rendez-vous avec moi.

Très vite, je l'amène à formuler l'origine du mal : il s'est senti rejeté par ses parents au profit d'un frère jugé plus intelligent. Il n'a jamais réussi à s'imposer, par peur de les décevoir davantage encore, pas plus qu'il ne leur a exprimé sa peine, qu'il croit être un signe de faiblesse. Aussi, depuis l'adolescence, il compense maladivement son manque affectif par la nourriture. Honteux, il fréquente très peu de gens, à l'exception de son vieil ami Jean-Luc.

Lors de nos longs échanges, je cherche à le déculpabiliser afin qu'il ne se rende pas responsable de cette carence infantile. Quelques rencontres plus tard, je remarque qu'il retrouve peu ou prou une certaine estime de lui-même. Je lui conseille aussi d'appeler Jean-Luc, toujours bienveillant à son égard, à chaque fringale, au lieu d'ouvrir le réfrigérateur. Ensemble, ils commentent alors l'actualité politique, qui les passionne, et échangent surtout des confidences personnelles, centrées autour des émotions.

La peur est bien souvent alimentée par le manque de communication. Quand il discute avec Jean-Luc et qu'il se livre, François a moins envie de « se remplir ». Il comprend également que la perte de son ancien poste tient d'une série de malentendus avec sa hiérarchie. Il se souvient que son patron lui reprochait souvent l'absence de visibilité de son travail. En réalité, le problème était que François ne savait ni « se vendre » ni exprimer son avis. Il se promet d'être moins silencieux à l'avenir.

Je lui demande aussi de se projeter dans le futur et de noter toutes les activités qu'il pourrait faire s'il n'était plus obèse : cela concerne aussi bien le travail que les sports, les relations avec les femmes, les déplacements, les voyages, etc.

« François, qu'est-ce qui vous manque le plus ?

— Je voudrais simplement plonger dans une piscine comme autrefois. J'adorais cela, mais je n'ose plus sauter, de crainte de casser le plongeoir et de me ridiculiser.

— Qu'éprouveriez-vous si vous plongiez ?

— Ce serait extraordinaire, je serais enfin libre ! »

Cette conversation provoque un déclic. François comprend que, derrière son masque, se cache un homme en quête de liberté. C'est un premier pas vers la guérison de sa blessure affective due au sentiment de rejet ressenti enfant.

Ce sont deux psychiatres, Wilhelm Reich et John Pierrakos, qui identifient et répertorient les cinq blessures fondamentales provoquées par le manque affectif : rejet, abandon, humiliation, injustice, trahison. À la base, les blessures psychologiques apparaissent durant notre enfance à travers des expériences anodines ou douloureuses. Nous sommes tous blessés à des niveaux différents ; c'est ainsi qu'un même événement peut être vécu avec une charge émotionnelle variable selon la nature et le caractère de l'enfant. Nos parents ou d'autres modèles (grands-parents, frères ou sœurs, professeurs...) nous ont souvent blessés sans le vouloir : lorsque eux-mêmes ont été blessés enfants, ils répètent une chaîne de souffrance que nous pouvons décider de rompre !

Le sentiment de rejet peut amener la personne à s'interdire d'exister pleinement et à vouloir fuir la réalité. On dit que le mécanisme de défense relié à cette blessure, c'est le masque du fuyant. La personne trouve alors refuge dans la fuite, pensant atténuer la souffrance, mais le masque qu'elle met en place l'empêche d'exprimer sa créativité. Les travaux ont été repris par Lise Bourbeau. Comme elle le dit dans son livre spécifiquement axé sur le sujet, *Les cinq blessures qui empêchent d'être soi-même*, « le fuyant développe souvent des problèmes de peau pour ne pas être touché. La peau étant un organe de contact, son aspect peut attirer ou repousser une autre personne. Un problème de peau chez une personne est un moyen inconscient de ne pas être touché, et ce, surtout à l'endroit où se situe le problème ».

Dans notre cas, quelque chose se met en marche : François perd du poids, 30 % en quelques semaines. Six mois plus tard, il a trouvé un job d'éducateur, un métier qu'il rêvait d'exercer avant de devenir consultant informatique et… une compagne. Si aujourd'hui il n'est pas svelte, son poids n'est plus un handicap et, surtout, il a retrouvé le goût de la vie.

Fuir ou combattre ?

La peur ne se manifeste pas toujours de manière aussi flagrante que les angoisses, les phobies, la prise de poids. Elle peut simplement se traduire par une attitude, très courante du reste : l'évitement.

Face à un danger, une menace, l'animal décide de combattre ou de fuir. Cette réponse adaptative combat-fuite (*fight-or-flight response*) a été décrite pour la première fois par le psychologue américain Walter Bradford Cannon, en 1929. Chez l'homme, le combat se manifeste par un comportement agressif, argumentatif et combatif, la fuite par l'évitement des situations menaçantes, le retrait social.

En fuyant, on entre souvent dans un processus de procrastination, cette tendance à tout remettre au lendemain... ou au surlendemain. L'homme (ou la femme) qui fuit occulte la réalité, surtout la sienne ! Il préfère vivre dans un rêve pour se rassurer. Il se ment à lui-même et aux autres en prétendant que l'action est inutile ou jamais urgente. Il affiche une fausse bonhomie. Parfois, il fait croire qu'il agit, alors qu'il est inerte.

Nous avons tous connu ce genre d'épisode dépressif, à des degrés divers. Dans ces moments-là, nous ressentons une certaine angoisse à chaque fois que nous devons prendre une décision, nous avons peur de nous tromper, de façon exagérée. Chez la personne atteinte de procrastination, cette peur est absolue et perpétuelle. Elle ne parvient pas à percevoir la vie comme un mouvement permanent nécessitant des adaptations, des choix et des réalisations variés. Alors elle préfère faire le choix de ne rien décider ! C'est le cas de Julien.

JULIEN ET SA PHOBIE ADMINISTRATIVE

Julien a 47 ans. Il est au bord du gouffre affectif, social, financier lorsqu'il me rencontre. Est-il sincère avec lui-même ? Il attribue ses malheurs à beaucoup de monde, dont l'État, qui ne le « comprend pas ». Julien souffre de ce que l'on appelle la « phobie administrative », conduisant, entre autres, à ne pas régler ses amendes. Une peur larvée et inconsciente gangrène son esprit. Elle se traduit par des réveils nocturnes brutaux et des douleurs gastriques à répétition.

Pour qu'il comprenne son mal, je lui demande de se mettre à la place de ceux qu'il accuse : « Que feriez-vous si votre employeur ne vous payait pas votre salaire ? » Julien esquive la question d'un sourire gêné. J'évalue son taux de résistance au changement en lui recommandant de mettre progressivement de l'ordre dans ses affaires et de s'engager à répondre, à partir d'aujourd'hui, à toutes les lettres de relance de ses créanciers, en leur détaillant sa situation financière difficile et en les rassurant avec une proposition d'échéancier. Sa survie ne tenant plus qu'à un fil, il semble réceptif et décide de prendre en main ses obligations administratives. Cependant, il faut savoir que les personnes fuyantes, même si elles s'engagent dans la bonne voie, rechutent en moyenne une fois sur deux assez rapidement. Cela signifie aussi qu'une fois sur deux, elles sont sauvées !

Pour aider Julien, j'évoque des exemples concrets. Je lui raconte l'histoire de femmes et d'hommes qui ont chuté et tout perdu à force d'en vouloir à la terre entière. Je lui fais prendre conscience qu'il existe en lui une angoisse soigneusement dissimulée, mais puissante. Cette angoisse le paralyse tant, qu'il m'a confié avoir consulté récemment un médecin, qui lui a prescrit un anxiolytique. Pour cet homme qui se prétend calme et flegmatique, c'est une humiliation insupportable, un électrochoc qui joue un rôle favorable à une révolution intérieure. Il s'exclame :

« On m'a donné du Xanax, vous vous rendez compte !

— Mais pourquoi pas, si cela vous apaise et vous délivre temporairement de vos symptômes ? »

Il s'affaisse brièvement, car il comprend que derrière sa bonhomie affichée se cache une anxiété profonde, ancrée depuis des années. Je lui suggère de décrire la personne idéale à ses yeux. Il dresse le portrait d'un chef d'entreprise organisé, voyageant beaucoup, ayant une vision claire du développement de sa société et de sa vie personnelle. Je l'invite à se montrer aussi exigeant avec lui-même, à hauteur de 25 % de son temps : faire une liste de 5 actions journalières prioritaires, et ouvrir tous ses courriers et y répondre chaque jour. J'enregistre également, avec son accord, ses plaintes à l'égard d'autrui sur un dictaphone. Il écoute son récit, médusé. Cela le conduit à une nouvelle prise de conscience : « Si je ne change pas maintenant, les autres ne changeront pas non plus. J'ai donc toutes les cartes en main. »

Des réponses prolongées par un comportement agressif, en « mode combat », ou en évitant des situations menaçantes, en « mode fuite », peuvent détériorer notre santé en augmentant notre niveau de stress, rendant notre corps plus sensible aux infections. À moins de partir vivre sur une île déserte, nous échangeons tous les jours avec cet environnement social : des amis, des collègues, des voisins, des commerçants. Il est donc important d'être tolérant avec les idées de tous, tout en sachant exprimer nos idées sans violence. Cette « reliance » aux autres, que l'on appelle également la sociabilité, se définit alors comme notre aptitude à évoluer au mieux dans notre environnement. Elle nous permet de contrôler notre stress et de trouver une certaine harmonie dans nos relations sociales.

Trouvez le chemin de la paix intérieure

On a tous entendu parler de paix intérieure, de cet état de tranquillité qui met la peur à distance, qui permet de s'ouvrir aux autres, d'être enthousiaste et positif. Quand on en bénéficie, on sait qui on est et on laisse les choses suivre leur cours, sans que cela ait trop d'impact sur nous. Mais comment l'obtenir ?

Tout simplement en suivant quelques règles :

- prenez des risques pour aller au bout de vos passions ;
- admettez que l'échec est bénéfique, car il vous fait progresser (voir N'ayez pas peur de l'avenir, p. 34) ;
- vivez l'instant présent et acceptez la réalité telle qu'elle est ;
- accueillez avec bienveillance l'opinion d'autrui, même si elle est très différente de la vôtre ;
- sachez pardonner à ceux qui vous ont blessé ;
- traitez-vous vous-même avec compassion.

Je reviendrai dans les chapitres suivants sur ces précieuses règles de vie.

Acceptez vos imperfections

Parmi les symptômes liés à la peur, le perfectionnisme est largement répandu. Celui ou celle qui craint de « ne pas être à la hauteur » des événements est en permanence taraudé par l'angoisse. Son « surmoi » est hypertrophié et tyrannique. Ce sont les principes moraux qui guident un individu perfectionniste, par opposition à ses pulsions et inclinations spontanées. Or ce souci de tout bien faire, paradoxalement, conduit souvent à l'échec. Vous-même, ou l'un de vos proches, l'avez peut-être vécu. La personne perfectionniste est à contre-courant, elle oublie l'essentiel au profit de détails qui mobilisent vainement sa précieuse énergie.

Le perfectionniste cherche à être le meilleur et à se montrer d'une redoutable efficacité. Peu importe les moyens et ce qu'il éprouve, seul le résultat compte ! Ainsi, les personnes très maniaques sont si rigides que leur entourage finit par les trouver antipathiques, colériques et incapables de s'adapter aux situations mouvantes qui caractérisent la vie de chacun d'entre nous. Elles fuient les rapports sociaux, blessées au moindre signe de désapprobation. Leur extrême vigilance les pousse à des anticipations constantes et exagérées et au final contre-productives, puisqu'il est illusoire de prétendre maîtriser l'avenir et le jeu infini des possibilités futures. Elles prennent de ce fait une série de décisions absurdes. Ce comportement les rend tristes et accentue le sentiment de frustration. Le perfectionniste ne tirant aucun bénéfice de ses réussites, une fois l'objectif atteint, la nécessité de relever un nouveau défi s'impose. Ce déni de réalité conduit à l'angoisse, car la peur d'échouer est une menace permanente. En résumé, les personnes perfectionnistes oublient l'essentiel : l'importance du moment présent.

CHRISTINE ET SA MANIE DE TOUT VOULOIR CONTRÔLER

Christine a 50 ans. Confrontée à des problèmes, elle se focalise sur des dangers éventuels plus éloignés dans le temps, de manière inappropriée, plutôt que de chercher à les résoudre au fur et à mesure de leur apparition. Sa volonté de tout contrôler bute sur la réalité. En refusant d'accepter une incertitude pourtant inévitable, sa perception du monde est faussée et les choix qui en découlent peuvent se révéler catastrophiques. C'est ainsi qu'elle me consulte, à bout de nerfs, alors qu'un drame vient de survenir à son travail : au cours d'une dispute avec sa hiérarchie, elle s'est montrée particulièrement méprisante. Courageuse, elle a décidé de me rencontrer et de regarder en face son mal-être. Très vite je l'interroge sur les résultats qu'elle obtient en recherchant la perfection, en la poussant dans ses retranchements : « À quoi vous a conduite cette… qualité ? » Comme Christine est aussi une maniaque de la vérité, elle avoue rapidement que son souci d'être au top tout le temps et sur tous les plans l'a détruite. Doucement, je lui demande de transmettre quelques questions à des membres de sa famille ou amis proches et de me rapporter leurs réponses écrites :

1. À quel moment Christine est-elle la plus précieuse pour vous ?

La réponse habituelle est : « Quand elle s'oublie enfin et ne recherche pas la performance à tout prix. »

2. Quand la sentez-vous captivée et empathique ?

« Lorsqu'elle s'extrait de son travail, des tâches répétitives et futiles auxquelles elle s'astreint. »

3. Quand se replie-t-elle sur elle-même ?

« À chaque trébuchement quotidien. »

La fois d'après, lorsque je lui lis les réponses, Christine soupire, semble presque soulagée et verse même une larme. Faut-il pour autant qu'elle abandonne son goût pour le travail bien fait ? Nullement ! Elle doit juste modérer son penchant naturel, assumer sa peur de mal faire et transformer positivement ses scrupules. Pour l'aider, je lui demande : « Pouvez-vous mesurer votre degré de perfectionnisme sur une échelle de 1 à 10 ? »

« 10, réplique-t-elle immédiatement.

— Cela vous a-t-il apporté quelque chose ?

— Cela m'a permis de trouver un job intéressant et de le conserver, malgré une mauvaise ambiance au bureau.

— Et si vous placiez le curseur à 5 ?

— Nul doute que je serais plus appréciée.

— Vous êtes en train de me dire que, paradoxalement, vos relations sociales et de travail gagneraient en perfection ?

— J'en suis sûre. »

Dans la foulée, Christine accepte de réaliser le défi que je lui soumets : ne pas terminer trop vite ce que son chef exige d'elle cette semaine et attendre quelques jours. Elle accomplit cette tâche difficile pour elle dans la douleur, mais y parvient. Elle comprend alors que son patron n'est ni déçu ni en colère. Sa performance reste inchangée. Elle mesure concrètement que sa quête de perfection peut être satisfaite à travers une certaine… nonchalance. Cette découverte inattendue la conduit à modifier peu à peu son comportement, sans abandonner ses exigences ni oublier son « surmoi ». Elle reste perfectionniste, fidèle à ses valeurs, mais en passant par la case « Imperfections ».

La quête d'excellence fait partie de la nature humaine : elle nous permet de nous dépasser. Toutefois, poussée à l'extrême, elle nous fait plus de mal que de bien. Cette projection d'une fausse réalité nous rend aveugle.

Accepter d'être imparfait repose sur une idée essentielle : apprendre à apprécier notre vie, plutôt que de vouloir la défier en permanence.

D'après une étude menée par les psychologues Robert Emmons et Michael McCullough, parue dans le *Journal of Personality and Social Psychology* en 2003, les personnes qui notent quotidiennement cinq choses qu'elles ont appréciées et pour lesquelles elles se sentent satisfaites déclarent se sentir mieux que celles qui ne le font pas. Pour quelles raisons ? Le sentiment de gratitude procuré par la satisfaction d'avoir accompli de petites ou de grandes choses donne du sens à notre présent. Nous n'avons plus besoin d'événements exceptionnels pour nous sentir épanoui. Les moments simples nous remplissent au quotidien.

N'ayez pas peur de l'avenir

Pour moi, qui ai passé une partie de ma carrière à l'étranger, la peur de l'avenir semble une spécialité bien française. C'est regrettable, car cette peur peut nous conduire à notre propre échec.

Parmi les peurs les plus fréquentes des Français, celle que leurs enfants ne soient pas heureux ; c'est le cas pour 45 % des habitants de l'Hexagone. Arrivent en deuxième position la maladie, puis la dégradation de l'environnement et, enfin, le chômage. Plusieurs études internationales viennent conforter ce cliché persistant. La dernière en date a été réalisée au printemps 2015 par le Pew Research Center, un institut américain. On y découvre que les Français seraient les personnes les plus pessimistes du monde sur la question de savoir si la jeune génération vivra mieux que la précédente. Seuls 14 % d'entre nous seraient optimistes à ce sujet, juste derrière les Italiens (15 %) et non loin des Japonais (18 %). Or, Daniel Goleman, psychologue et journaliste scientifique au *New York Times*, a mis clairement en évidence que les élèves dont les parents sont anxieux souffrent d'un taux d'échec à leurs examens bien supérieur aux autres. Ces élèves, tout en travaillant (difficilement), ont tendance à se répéter intérieurement des messages perturbants tels que : « Tu n'y arriveras pas ».

En Amérique du Nord et même dans les pays à l'économie « émergente » comme le Vietnam, la peur de l'échec est beaucoup plus réduite. Les entrepreneurs et managers à succès l'ont bien compris. À l'école comme dans la vie professionnelle, on fait finalement davantage confiance à ceux qui ont trébuché, appris de leurs erreurs et su se relever. Les banques américaines prêtent ainsi volontiers à un chef d'entreprise qui a essuyé une faillite, à l'inverse des établissements français. En l'absence de culture de la « seconde chance », nous sommes particulièrement exposés à la phobie de la chute, qui semble définitive.

La seconde chance

Il a fallu attendre septembre 2013 pour que les entreprises françaises ayant fait l'objet d'une liquidation judiciaire n'apparaissent plus dans le fichier de la Banque de France – lorsque celle-ci n'est pas liée à une faillite frauduleuse ; 144 000 chefs d'entreprise sont concernés par cette mesure ! Selon l'ancienne ministre déléguée chargée des Petites et Moyennes Entreprises Fleur Pellerin, dans un entretien accordé au *Parisien* en 2013, neuf ans sont en moyenne nécessaires en France pour rebondir après une faillite contre… un an en Norvège ou au Danemark. Tout cela paraît symptomatique de traits culturels malheureusement bien français, à savoir ce refus de donner une seconde chance.

On entend souvent parler de la nécessité d'innover et de prendre des risques, mais rien ne semble réellement fait pour aller dans ce sens. C'est la raison pour laquelle, comme le souligne Christophe Labarde, journaliste et directeur de la French-American Foundation, certains parlent de la France comme d'un « *No country* », d'un « pays du Non » : non seulement l'initiative n'y est ni louée ni récompensée, mais l'échec laisse une marque plus ou moins indélébile. Dans d'autres pays tels que les États-Unis ou le Canada, les « *Yes countries* », celui qui a échoué est vu de façon positive car, d'une part, il a essayé et, d'autre part, on suppose qu'il va progresser. « Là-bas, lorsqu'on soumet une idée à son interlocuteur, on se voit généralement répondre : "pourquoi pas ?", "formidable", "très intéressant" et souvent, dans la foulée, "que pouvons-nous faire ensemble ?" ».

En gros, vous craignez d'échouer et donc vous vous abstenez d'agir. Pour le coup, vous êtes sûr de ne rien obtenir et... d'échouer.

Or la crainte de l'échec se caractérise par un stress négatif et, au final, par l'absence de décision, un *statu quo* qui, immanquablement, conduit au véritable échec !

Pour éviter de tomber dans ce piège, je vous propose un exercice simple de visualisation créatrice.

L'EXERCICE DE LA VISUALISATION CRÉATRICE

Il s'agit d'élaborer intérieurement des images mentales bénéfiques, afin de modifier une mauvaise habitude ou d'atteindre un but. La visualisation créatrice, c'est définir un objectif clair que vous souhaitez atteindre, puis créer vos propres « photographies » imaginaires représentant la réalisation du but avec un maximum de détails. On parle certes de visualisation, mais plus vos cinq sens seront utilisés, plus le résultat sera facilement atteint. En effet, il ne faut pas seulement voir mais ressentir.

Dans un premier temps, imaginez que vous avez déjà atteint cet objectif final. Installez-vous dans la posture qui consiste à anticiper : vivez la scène rêvée et prenez le temps de la goûter avec tous vos sens (odeur, vue, toucher, ouïe, goût). Le sentiment d'avoir réalisé votre projet, même en rêve, vous procure d'ores et déjà une sensation d'apaisement.

Puis, respirez intensément et notez les actions précises (pas plus de 5) que vous allez mettre en œuvre pour y parvenir. Ces étapes doivent être modestes, réalistes et faciles à atteindre. Enfin, jetez-vous à l'eau séance tenante en commençant par la première étape : la plus simple à mettre en place. Opérez ce pas en avant et ressentez votre satisfaction, celle de la tâche accomplie.

Cet exercice est la première marche qui va vous conduire à la réalisation, cette fois concrète, du but, celui-là même qui vous semblait jusqu'ici hors de portée.

Rappelez-vous, le monde tel qu'il est ne récompense pas ceux qui ne commettent aucune erreur, aucun faux pas, mais ceux qui apprennent et grandissent en acceptant d'accomplir une succession de petits pas plus ou moins réussis.

MARIE RETROUVE UN SENS À SA VIE

Marie a 42 ans. Cette mère de famille comptable me dit lors de notre premier entretien qu'elle a « tout raté » dans son existence. Je lui demande : « En quoi avez-vous échoué ? » Elle me répond que sa carrière professionnelle est un fiasco : elle vient tout juste d'être licenciée d'une société informatique. Elle est obsédée par cet échec, le reste ne compte plus. Cela se comprend car, quand on a peur, on est paralysé et on focalise son attention sur ce qui ne va pas. Après un long silence, je l'interroge sur sa famille. Elle me parle de ses trois enfants, de leur éducation… Marie reconnaît qu'ils grandissent bien et que ses relations avec eux sont excellentes. Elle comprend, par la grâce de cette simple évocation, que sa vraie valeur, celle qui donne un sens à sa vie, est le bien-être de sa famille. Très émue, elle finit par admettre que son parcours n'est pas si négatif, elle relativise.

Plutôt que perdre son énergie à des lamentations sur son passé et sa peur de l'avenir, je l'amène à réfléchir aux valeurs de l'entreprise qui l'a licenciée. Elle affirme que cette entreprise était attirée uniquement par le profit. Ce à quoi je lui réponds : « Quelle serait l'entreprise qui vous correspondrait vraiment ? » Elle répond immédiatement : « Une association caritative ou une école. » Je lui suggère de diriger ses recherches vers ce genre de structure. Je la préviens que ce ne sera pas facile, car elle changera de domaine de compétences et devra notamment revoir à la baisse ses prétentions salariales. Quelques mois plus tard, elle déniche un poste de comptable à la Croix-Rouge, pour une durée déterminée de neuf mois. Ce nouvel emploi s'avère gratifiant et change du tout au tout sa vision d'elle-même. Peu à peu, sa peur est remplacée par un sentiment d'appartenance à une seconde famille, celle de la fraternité et de l'aide aux personnes en détresse. Elle se sent enfin utile. Marie se dit que même si son contrat n'est pas renouvelé, son expérience au sein de la Croix-Rouge lui permettra peut-être de rebondir dans le milieu des associations caritatives, qui « collent » à ses valeurs. Marie laisse de côté, autant que possible, sa peur de l'avenir.

Une valeur construit notre identité, nous porte à agir avec force et influence nos actions et nos décisions. Nos valeurs nous guident au moment de prendre nos décisions – choisir l'entreprise dans laquelle on souhaite travailler par exemple.

Questionnez l'adéquation entre vos valeurs et le travail, ce que vous êtes et ce que vous faites. On ne peut pas longtemps renoncer à soi.

Les valeurs fixent l'orientation et forment le socle de la culture d'une entreprise. Elles donnent du sens à l'action quotidienne de ses acteurs. Donner du sens, c'est faire comprendre au tailleur de pierre qu'il ne sculpte pas des cailloux, mais qu'il contribue à construire de grands monuments. Ou comme le dit le philosophe Sénèque : « Il n'est pas de vent favorable pour celui qui ne sait pas où il va. »

C'est en cherchant et en approfondissant les causes des rapports sociaux déséquilibrés dont vous êtes la proie et qui sont fondés sur des valeurs dissemblables ou opposées aux autres que vous comprendrez que vous êtes capable de provoquer un changement par vous-même et pour vous-même. Détournez-vous des individus toxiques, qui souhaitent consciemment ou non votre perte et privilégiez les personnes bienveillantes.

Conditionnez-vous aussi pour réfléchir systématiquement, en pesant le pour et le contre, avant chaque décision. C'est ainsi que vous conquerrez pas à pas votre autonomie, sans craindre vos peurs. Même si elles restent présentes, ce n'est plus vos peurs qui décideront pour vous !

PORTRAITS CROISÉS

Jennifer : oser être autonome

Jennifer a 21 ans. Son visage est pâle et son regard bleu indigo fuyant. Dès notre première séance, elle me raconte son enfance et le fil conducteur de sa vie : l'omniprésence de ses grands-parents. Lorsqu'elle était petite, Jennifer passait ses soirées, ses week-ends et l'essentiel de ses vacances chez eux. En effet, sa mère devait « travailler dur pour ne pas être renvoyée par son patron, avocat associé dans un grand cabinet anglo-saxon où elle était juriste ». Son père était avocat lui aussi. Il voyageait sans cesse et ne manifestait ni sentiments ni intérêt pour sa fille.

Très jeune, Jennifer se noie dans ses devoirs, plus tard dans ses études. Pendant ses années de collège, dans le quartier parisien de Saint-Germain-des-Prés, elle dévore les livres plus de 4 heures par jour, seule dans sa chambre. Elle met tout en œuvre pour ne jamais déranger, heurter ou contrarier sa famille. Petit à petit, Jennifer s'oublie. Au cœur de sa douleur, une peur panique : celle d'être rejetée.

Jennifer a ainsi grandi avec l'idée qu'on peut l'abandonner à chaque instant. Pour pallier ce risque, elle est persuadée qu'il faut « s'adapter » en permanence : elle tente de faire plaisir à tout le monde en mettant ses propres besoins de côté. Elle accepte même les formes d'irrespect les plus variées. Sa peur est à l'origine d'une multitude de souffrances névrotiques, de drames répétitifs… et de mauvaises décisions.

Alors qu'elle est inscrite en troisième année de droit à la Sorbonne, son compagnon est lui chercheur au CNRS. Il part tôt le matin et s'absente parfois pour quelques jours à l'occasion d'un congrès en province ou à l'étranger. Elle l'appelle alors toutes les 3 heures. Quand il ne répond pas, elle plonge dans l'anxiété et est prise de tremblements. C'est pareil avec Caroline, sa meilleure amie : si celle-ci est occupée, Jennifer se sent délaissée injustement et exige systématiquement des explications en multipliant les reproches.

Un jour, elle lit par hasard un de mes articles où j'évoque la notion de dépendance affective, cet état où l'on compte excessivement sur une personne déterminée pour assurer notre équilibre. Il est généralement lié à un manque de reconnaissance ou un amour insuffisant de nos parents quand nous étions enfants. C'est pour Jennifer un vrai déclic : elle reconnaît précisément dans ce portrait ses symptômes.

Lors de notre entretien, elle évoque spontanément son enfance. J'emploie à dessein les mots « papa » et « maman » au sujet de ses parents afin de l'amener à sortir de son attitude fuyante. « Ma mère ne m'embrassait jamais », confesse-t-elle. Quant à son grand-père chez lequel elle résidait si souvent, c'était un écrivain froid et cérébral. Je lui dis qu'elle peut s'épancher tant qu'elle veut avec moi, je ne la jugerai pas.

Je lui recommande ensuite de visualiser sa propre personne sans son compagnon.

« J'en suis incapable, lâche-t-elle. Je ne peux m'imaginer sans lui, je suis trop... attachée.

— Pourquoi "attachée" ?

— Sans lui je m'effondre, impossible d'avancer ».

Amour... ou attachement ? Se poser la question est important, car l'attachement conduit à la dépendance et à la souffrance, parce qu'un jour la personne « indispensable » vient à nous manquer ou nous frustrer. La frustration est d'autant plus grande que l'attente est exagérée.

J'insiste :

« Pourquoi ne pas vous engager d'abord dans le sens de vos valeurs, de ce qui compte pour vous, et ensuite avec votre partenaire, et non l'inverse ? »

Je sais d'expérience que les couples qui durent et qui s'aiment vraiment sont ceux qui s'entendent sur des valeurs communes essentielles. Je pousse donc Jennifer à s'interroger sur ses valeurs profondes, seule face à elle-même. Il s'agit d'exorciser sa phobie de la solitude, une des caractéristiques du syndrome d'abandon qui conduit toujours à de mauvais choix si cette phobie n'est pas dépassée.

Un mois passe, pendant lequel Jennifer fait le deuil de son enfance. Elle admet que ses parents l'ont déstabilisée en la dévalorisant systématiquement, alors qu'ils avaient pourtant des qualités certaines et de belles valeurs, qu'elle partage d'ailleurs aujourd'hui avec eux : « Je n'oublierai jamais leurs paroles perverses, elles résonnent en moi chaque nuit. »

Je lui explique que je comprends et que je ne lui demande pas d'oublier ce qui s'est passé, mais de faire un petit pas vers le pardon, pour son propre bien. Elle prend conscience qu'elle prononce aussi, parfois, des mots violents ou injustes à l'encontre de ses proches. C'est tout simplement la reproduction d'un schéma destructeur et autodestructeur. Comment reprocher à autrui ce que nous portons en nous ? Cette question la bouleverse. Elle me dit qu'elle a besoin de temps. Puis, elle comprend que sa tristesse et ses exigences tyranniques envers elle-même sont des procédés rassurants qui la rendent artificiellement vivante, intéressante, mais aussi digne de pitié et donc « non abandonnable ».

Cet enchaînement de déclics successifs la conduit à être davantage indépendante. Sa souffrance devient moins handicapante : elle peut désormais avancer. En soignant son syndrome d'abandon, elle retrouve une forme de paix intérieure et réussit à se projeter positivement vers l'avenir.

Trois mois après la fin de notre dernière séance, elle revient me voir. Elle a pris des décisions qui s'imposaient : elle a rompu avec son compagnon, car elle a compris qu'elle était simplement « attachée à lui », mais qu'elle ne l'aimait pas. Elle souhaite se concentrer désormais sur la préparation de son diplôme d'avocat. Poursuivant ce but, elle estime que sa solitude va désormais dans le bon sens, celui de sa construction personnelle.

Mandela : la peur métamorphosée en sagesse

Les conditions de vie en détention à la prison de Robben Island, prison de sécurité maximale pour des condamnés à de longues peines, étaient effrayantes : réveil tous les matins à 5 h 30 dans une cellule de deux mètres, un simple seau d'eau de mer froide pour faire sa toilette, un bol de porridge en guise de petit déjeuner servi dans la cour. Les prisonniers devaient ensuite casser des cailloux dans une des cours de la prison avec des cadences éprouvantes jusqu'au frugal repas de midi, et reprendre leur labeur jusqu'à 16 heures. Une demi-heure de toilette plus tard, ils regagnaient leurs cellules. Le couvre-feu était à 20 heures, mais les cellules minuscules et crasseuses étaient éclairées toute la nuit par une ampoule de 40 watts. À partir de 1965, les autorités sud-africaines ont contraint les détenus à travailler dans une carrière de chaux. La chaleur y était écrasante et la lumière aveuglante. Ils ont attendu 3 ans pour avoir droit à des lunettes noires.

Parmi ces hommes condamnés, Nelson Mandela, libérateur du peuple sud-africain, qui fut incarcéré pendant 27 longues années. Si ses facultés visuelles ont été altérées, le plus difficile pour lui a été la séparation familiale. Il n'avait droit qu'à une visite et une lettre tous les 6 mois, rendue souvent illisible par la censure de la prison et le privant de la visite de son cher fils aîné, Thernbi, âgé de 16 ans au moment de l'arrestation de son père en août 1962.

Malgré ses souffrances, ces années sans la moindre lueur d'espoir, Nelson Mandela est sorti de cette prison conçue pour briser la volonté des prisonniers sans haine et sans colère apparentes. Au contraire, la détention l'a renforcé : Mandela a même refusé d'être libéré en 1976 pour rester en cohérence avec ses convictions avant d'être relâché en février 1990.

Or on le sait, la prison est anxiogène. C'est un univers dangereux et violent. Imaginez-vous dans ce milieu : vous seriez sûrement taraudé par la peur. La capacité de cet homme à dominer et à transformer sa peur en courage pendant cette période fait de lui une personnalité hors du commun. Nelson lit, se cultive, suit des cours de droit par correspondance. Il transforme sa prison en laboratoire politique et en université ! Durant toute la durée de son incarcération, la peur ne l'a jamais empêché d'apprendre et de transmettre. Il a utilisé toutes les armes du réalisme pour mettre fin à l'apartheid. Il s'est entouré de gens bienveillants pour l'aider à voir le monde qui l'entourait de façon à la fois claire et nuancée. Il a dominé sa rancœur et vaincu son instinct de vengeance et surtout sa peur, malgré des obstacles apparemment insurmontables et une si douloureuse incarcération.

À l'issue de cette période humiliante et interminable, il a négocié pacifiquement avec un régime raciste. Il avait toutes les raisons de demeurer sur la défensive. Il s'est comporté de manière inverse en plaçant sa peur à distance. En la maîtrisant avec courage, il a été héroïquement pragmatique, a unifié son pays et l'a sorti de l'enfer en empêchant une effusion de sang qui semblait pourtant inévitable. Il a pacifiquement mis fin au régime de l'apartheid et jeté les bases d'une nouvelle Afrique du Sud démocratique.

« Le pardon libère l'âme, il fait disparaître la peur. C'est pourquoi le pardon est une arme si puissante. »

« J'ai appris que le courage n'est pas l'absence de peur, mais la capacité de la vaincre. » : deux citations dont Mandela lui-même dit qu'elles résument son action.

LOI 2

Inventez le futur qui vous fait rêver

Dépassez vos croyances limitantes

Et si vous vous extrayiez des préjugés propres à votre environnement familial, amical ou professionnel afin que vos décisions vous soient bénéfiques ?

Et si vous agissiez en faisant abstraction du climat anxiogène qui caractérise notre société ?

En un mot, et si vous dépassiez vos croyances limitantes ?

Une croyance limitante ne donne pas le choix, elle nous bloque. Deux exemples de ce que j'entends fréquemment : « Je ne suis pas capable de réussir mon projet » ou « J'ai plus de cinquante ans, c'est normal que je ne retrouve pas de travail ».

La PNL (programmation neuro-linguistique) nous aide à développer des comportements positifs en mobilisant nos ressources et en utilisant nos sens. Elle a été mise au point en 1972 aux États-Unis par John Grinder, professeur de linguistique, et Richard Bandler, mathématicien et psychothérapeute.

Elle distingue trois grandes catégories de croyances limitantes : le désespoir, l'impuissance et la dévalorisation.

1. **Le désespoir.** On est convaincu que l'on ne pourra pas atteindre un objectif particulier : « Quoi que je fasse, je ne pourrai pas réussir mon projet entrepreneurial. La conjoncture est trop mauvaise. »

2. **L'impuissance.** On pense que nous ne sommes pas capables d'atteindre notre objectif : « Je ne suis pas capable de changer de métier. »
3. **La dévalorisation.** On n'est pas légitime et on ne mérite pas de réussir : « Je suis un imposteur » ou « Ce n'est pas mérité ».

Posez-vous seulement la question suivante pour identifier vos croyances limitantes : quelles sont les phrases que vous répétez régulièrement en utilisant des affirmations comme « toujours », « jamais », « personne », « tous » ?

Votre croyance limitante se trouve certainement ici !

En orientant vos façons d'être, vos croyances ont le pouvoir de créer, mais aussi celui de détruire, et surtout de vous éloigner de vos objectifs.

Il s'agit ici d'identifier clairement et objectivement vos croyances pour les maîtriser afin, dans un deuxième temps, d'inventer ce futur qui vous fait rêver, pour décider en fonction de votre propre personnalité, de vos qualités fondamentales, sans aucune influence, en vous entourant de gens bienveillants et non toxiques.

Admettons d'emblée que nous fabriquons le plus souvent notre propre malheur. Nous prenons une kyrielle de mauvaises décisions parce que nous sommes mus par un état primaire : c'est souvent notre mal-être qui nous gouverne et nous perturbe. Cet état est caractérisé par des désirs compulsifs : désirs de possession, de pouvoir, de statut social, de jouissance, malheureusement sans souci de la réalité. Or ces désirs ne sauraient être assouvis sans nuire à autrui ou à vous-même.

C'est dans ce contexte qu'il nous faut souvent un événement ultime pour nous remettre en question : divorce, accident de santé, faillite… Un point d'arrêt dans notre vie qui nous pousse à nous poser, à réfléchir pour enfin arpenter le bon chemin, celui qui mène à nos vraies valeurs. C'est alors que le tri entre nos projets devient possible et indispensable. Nous comprenons que nous étions aveuglés par des fantasmes et des buts irréalistes, et nous sentons enfin le souffle de la liberté qui nous autorise à réaliser des objectifs à notre portée, atteignables parce qu'ils tiennent compte de l'environnement propice à l'exercice de nos aptitudes naturelles – talents innés, dons. Nous pouvons donc changer nos croyances limitantes en croyances aidantes !

Remplacez une croyance limitante par une croyance aidante

Les recherches scientifiques récentes ont montré que le cerveau est « plastique » : il crée, complète, réorganise une foule de réseaux neuronaux afin d'y stocker les traces de nos vies. C'est dans l'enfance que ce processus est le plus efficace, mais comme l'a mis en avant en août 2016 le docteur Akiko Miyamoto, de l'Institut des sciences physiologiques à Okasaki au Japon, même à l'âge adulte, le cerveau est « plastique » : de nouveaux neurones et de nouvelles connexions apparaissent. Cela veut dire que l'on peut changer une information déjà enregistrée. Un nouveau circuit s'établit entre les neurones, pour donner naissance à une nouvelle croyance.

Vous pouvez donc commencer par changer le regard que vous portez sur la croyance, en l'envisageant sous un autre angle.

Pour transformer votre croyance et la remplacer, je vous propose un modèle en six étapes :

1. Identifiez clairement la croyance (« Je ne suis pas légitime pour créer ma société »).
2. Sur quoi repose cette croyance ? (« Enfant, mon père me dévalorisait »).
3. Reconnaissez un fait qui contredit cette croyance (« J'ai réussi mes études brillamment »).

4. Quel est l'impact de cette croyance dans votre vie ? (« Je m'ennuie et déprime »).
5. Sur quelle première action pouvez-vous vous engager pour changer ? (« Commencer à travailler sur mon offre commerciale »).
6. Reformulez maintenant la nouvelle croyance sous la forme affirmative et positive (« J'ai des atouts pour créer ma société »).

Transformer une croyance limitante en une croyance aidante permet de libérer vos énergies. On devient l'acteur de sa vie ! De nouvelles opportunités s'offrent à nous, car nous avons une conscience nouvelle de nos capacités : nous devenons responsables de notre changement !

S'aimer soi-même commence dès l'école

Le meilleur ami de mon fils de 9 ans m'a ainsi annoncé récemment : « La maîtresse a noté dans mon cahier une seule qualité et cinq défauts ! » Je l'ai senti triste et découragé.

Ce genre de formulation négative, si elle n'est pas accompagnée d'un échange positif avec l'enfant, est selon moi contre-productive sur le plan pédagogique. Elle peut même générer, si elle est répétée, des traumatismes profonds chez l'enfant, avec des effets délétères sur sa vision de lui-même qui peuvent le poursuivre sa vie durant. Si vous-même avez subi ce type d'humiliation, vous savez qu'elle peut vous tirer vers le bas. Certains enseignants se laissent glisser vers des formules négatives, des jugements définitifs : « Tu n'arriveras à rien » ; « Elle ne comprend rien du tout aux maths ». C'est placer l'enfant ou l'adolescent dans les conditions de l'échec et provoquer des images indésirables et autodévalorisantes dans son esprit.

Comparez la phrase : « Il a presque raté son année scolaire » à la phrase « Il a encore toutes les chances de réussir ». Ces deux commentaires peuvent être faits dans le même contexte, mais tantôt on parle d'échec, tantôt on met en avant la chance et l'espoir.

Peut-être vous lancez-vous intérieurement toutes sortes de critiques et de reproches. À chaque fois que vous le faites, vous appauvrissez votre esprit. Vous diminuez votre force de caractère et créez des blocages handicapants. Vous devenez pessimiste et oubliez de vous encourager, de vous aimer.

L'EXERCICE DE LA REFORMULATION

Je vous invite maintenant à transformer vos formulations négatives en tournures positives. À partir d'aujourd'hui, reprenez-vous continuellement jusqu'à ce que cela devienne naturel. Par exemple, si un « J'aurais pu faire mieux » s'échappe de votre cerveau, répétez immédiatement, trois fois de suite à voix basse : « Je vais faire mieux la prochaine fois. » Modifier ainsi votre vocabulaire est un premier pas indispensable pour reprendre confiance en vous. Ces tournures positives vous permettent, à vous et à votre interlocuteur, de vous focaliser sur les aspects positifs. La formulation positive crée une dynamique orientée dans le bon sens. Celui de ce que vous souhaitez obtenir.

L'EXERCICE DU « MOT INFLUENT »

Voici un autre exercice de gymnastique intellectuelle, sous forme de mémo : au lieu d'utiliser une formule négative, choisissez un mot ayant une influence positive, un « mot influant » votre pensée positivement. Utilisez la forme affirmative, voire impérative !

Formulation négative :(	Formulation positive :)
C'est impossible !	C'est un challenge.
Quelle erreur !	Quelle belle leçon !
Un obstacle	Un défi
Si seulement…	La prochaine fois…
Ce n'est pas mal.	C'est déjà bien.
Le projet ne se passe pas si mal.	Je vais réussir ce projet.
Ça me stresse.	Ça me motive.
Je suis trop vieux.	J'ai l'expérience.
C'est affreux.	C'est une nouvelle étape.
Je ne peux pas le faire.	Comment puis-je y arriver ?
J'aimerais devenir…	Je veux devenir…
Je parle mal anglais.	Je peux progresser en anglais.

Donnez-vous la permission mentale

Donner à quelqu'un la permission et surtout l'envie de réaliser ses rêves, c'est lui accorder le petit coup de pouce dont il a besoin. Soyez votre propre coach et faites-le pour vous-même ! Cela passe par trois étapes réparties sur quelques semaines. Au préalable, je vous suggère d'identifier les moments où vous vous sentez replié, coupé du vivant (votre zone d'ombre) et ceux où vous vous sentez captivé et absorbé (votre zone créatrice).

Le grand psychanalyste suisse Carl Gustav Jung a montré que la zone d'ombre tenait une place centrale dans le psychisme humain. Elle représente ce que vous cachez aux autres et le plus souvent à vous-même. Comme il le dit : « Il n'y a pas de lumière sans ombre. La vie nécessite pour son épanouissement non pas de la perfection mais de la plénitude. Sans imperfection, il n'y a ni progression, ni ascension. »

Ce que je vous propose ici, c'est de danser avec votre zone d'ombre pour laisser place à votre zone créatrice !

Votre zone créatrice est ce qui vous permet de ressentir un bien-être, c'est-à-dire tout ce qui tend à renforcer votre vraie personnalité en donnant une dynamique créatrice et stimulante à votre vie.

Voici les trois étapes du processus de la permission mentale.

1. Acceptez votre zone d'ombre

« L'ombre » se manifeste par un mécanisme de projection. Qu'il s'agisse d'un trait de caractère réel ou fictif, nous projetons ce que nous n'acceptons pas de nous-mêmes sur des objets extérieurs : les autres. Toute personnalité qui nous pose problème, tout comportement nous agaçant nous donnent des éléments sur nous-mêmes.

En prenant conscience de nos projections, nous sommes en mesure de réintégrer des parts de notre être pour devenir plus complets. Car « l'ombre » n'est que le pôle complémentaire, certes négatif, de notre moi.

Ne vous jugez donc pas trop ! Soyez indulgent avec vous-même et donnez-vous la permission de regarder en face votre zone d'ombre. Il est illusoire de tenter de la faire disparaître. L'accepter, c'est vous donner la chance d'accueillir la vie avec davantage de puissance.

Prenez votre zone d'ombre comme une boussole vous indiquant qu'à tel instant précis, vous n'allez pas là où vous voulez. Utilisez des formules ayant le pouvoir de vous déculpabiliser comme : « Il est normal que je ressente cette colère ou cette angoisse. »

2. *Lâchez prise*

En acceptant votre zone d'ombre, vous vous octroyez la force de lâcher prise et de vous autoriser à rêver, à savourer le moment présent dans un état de vacuité, sans enjeu ni but, sans esprit de compétition professionnelle ou de séduction. Vous vous élevez au-dessus de tout et de tous. Il n'y a plus d'objectif à atteindre, seulement vous laisser aller, en vous disant par exemple : « Je me donne la permission de prendre du temps pour contempler la nature. »

3. *Mettez votre zone créatrice en mouvement*

Demandez-vous quelle est la première chose que vous aimeriez faire pour rompre avec cet état passif ou dévalorisant, qui, lorsqu'il est excessif, crée un grand vide. Car l'oisiveté provoque de fait le manque. Visualisez cette chose... et réalisez-la ! Oui, vous allez prendre des risques et éventuellement chuter. Qu'importe, vous êtes entré dans un processus créatif et de travail. Pourtant, vous n'avez pas le sentiment d'accomplir un exploit ni même... un simple effort. C'est normal, vous êtes absorbé, en accord avec votre moi profond.

Si vous passez par ces trois étapes, vous remarquerez une hausse sensible de votre niveau de satisfaction, vous vous sentirez plus vivant. Notez ce niveau chaque jour sur une échelle de 1 à 10. Promis, vous verrez votre « moyenne » augmenter.

Personnage de comics devenu icône de la culture pop, Batman (Bruce Wayne de son vrai nom) se distingue des autres super-héros car il ne dispose d'aucun « pouvoir » : c'est un homme normal, avec ses zones d'ombre, qui tente de mener une lutte contre le crime depuis qu'il a assisté au meurtre de ses parents.

Le Joker, Bane, et les autres « méchants », n'ont rien fait d'autre que de laisser leur zone d'ombre prendre possession d'eux-mêmes et les transformer en psychopathes. D'où l'importance du personnage d'Alfred (le majordome de Batman) qui, par sa parole sage, « la colère décuple ta puissance mais si tu la laisses te dominer, elle va te détruire », révèle les qualités fondamentales du super-héros telles que le courage, l'intelligence ou le sens de la justice.

Dans un environnement réel, votre cercle de gens bienveillants, amis très chers ou personnes qui vous conseillent peuvent se révéler d'excellents « majordomes ».

C'est en acceptant d'assumer votre zone d'ombre vis-à-vis d'autrui que vous laisserez votre zone créatrice, source de changement, s'exprimer pleinement. N'oubliez pas, votre réussite et votre épanouissement se nourrissent aussi de vos imperfections, alors assumez-les !

Vos valeurs enfin au cœur de vos choix !

Nos mauvaises décisions sont souvent le fruit d'un ou de plusieurs événements plus ou moins traumatiques et non digérés de notre enfance : séparation, décès d'un être cher, humiliations, échecs… Ce type de souvenirs, conscients ou inconscients, nous pousse à cheminer dans l'excès ou le déficit par rapport à nos désirs profonds.

Prenons un exemple : vous recherchez un emploi uniquement en fonction du statut social qu'il suppose et de l'image que vous souhaitez donner aux autres. Un statut fait de multiples contraintes qui finiront par vous enfermer dans une prison dorée aussi étanche que factice. Comment en sortir ? En testant vos valeurs.

Certains thérapeutes recommandent ainsi de visualiser votre propre enterrement. Il s'agit de vous demander par anticipation ce que vous aimeriez que l'on dise de vous à ce moment précis. Cette réflexion permet d'identifier indirectement ce qui est fondamental dans votre vie et quelles sont vos vraies valeurs. Reste ensuite à dresser une liste de comportements et d'initiatives en adéquation avec ces valeurs justement, afin d'agir en conséquence.

Pour présenter les choses sous un autre angle, c'est le moment d'amorcer un changement en cédant moins à vos pulsions et à vos prétendues aspirations d'homme ou de femme statufié(e), correspondant à une quête absolue de perfection, inexistante pour les vivants que nous sommes. Ces aspirations qui ne font que nous faire régresser sont liées à nos manques du passé et non à une réflexion authentique et efficace d'aujourd'hui sur nos objectifs pour demain.

Je préfère vous prévenir : vivre en tenant pleinement compte de vos valeurs peut vous conduire à une séparation inattendue, une nouvelle conduite hors normes, la découverte d'un talent artistique insoupçonné... Vous risquez de déplaire à votre entourage, soudain déstabilisé parce qu'il ne vous reconnaîtra plus. Tenez bon, cela est souvent annonciateur d'un changement positif ! Car vos valeurs sont votre bien le plus précieux, en ce sens qu'elles définissent votre personnalité et votre richesse intérieure. Elles représentent tout ce qui, profondément, est important pour vous. Elles sont à la source de vos bonnes décisions.

ÉRIC ET SA NOTION DE VALEUR, POUR LUI GALVAUDÉE

Vous aurez sûrement constaté qu'aujourd'hui, la notion de valeur, très galvaudée, est citée à toutes les sauces ! Éric, ingénieur de 48 ans, me dit un jour que ce mot n'a aucun sens pour lui. Je lui demande alors, sans transition, de me parler des héros de son enfance.

« Michael Jackson, lance-t-il sans hésiter.

— Pourquoi lui ?

— Parce qu'il me faisait rêver. Sa musique innovante, sa voix changeante et ses chorégraphies très élaborées me permettaient de m'évader, de fuir mon quotidien...

— Quelle était sa principale qualité, selon vous ?

— La générosité. Il donnait l'impression de toujours donner le meilleur de lui-même, comme si c'était son dernier spectacle.

— La générosité, c'est important pour vous ?

— Oui, c'est indispensable. »

Éric venait de découvrir sa valeur fondamentale, sa qualité numéro un : la générosité. L'utilise-t-il dans son parcours privé et professionnel ? Très peu, car il craint de passer pour un « mou ».

En éradiquant cette croyance limitante, je lui redonne goût à la vie, car il se sent enfin autorisé à développer son talent (sa générosité) en fonction de sa propre personnalité. Un bon début vers de profonds changements existentiels.

Et vous, quel est votre talent ?

Utiliser vos valeurs comme une qualité, c'est vous donner le droit d'utiliser pleinement vos talents et ne plus avoir le sentiment de subir ou d'être influencé par les autres.

À l'inverse, le non-respect de vos valeurs entraîne un sentiment d'insatisfaction et une perte de contrôle génératrice de croyances limitantes qui sont une barrière à votre épanouissement. Vous avez pourtant du mal à les quitter, car elles trouvent racine dans votre enfance.

Alors cherchez dans vos valeurs fondamentales la source de vos talents naturels ! En les utilisant régulièrement, vous gagnerez en performance et en confiance en vous !

L'EXERCICE DU HÉROS DE VOTRE ENFANCE

Je vous propose à présent un exercice qui vous aidera à identifier vos valeurs, en révélant le héros qui sommeille en vous. Ce peut être une personne de votre famille, de votre entourage ou encore un artiste.

Notez :

- le nom du héros de votre enfance : ____________
- ce que vous admirez en lui : ____________
- ses valeurs : ____________

Écrivez à présent ce que sont, à votre avis, vos trois valeurs fondamentales personnelles :

1. ____________
2. ____________
3. ____________

Comparez maintenant bien les réponses : les valeurs de votre héros préféré et les vôtres. Vous réaliserez à quel point le héros que vous admirez partage vos propres valeurs, même si elles peuvent être exprimées différemment. Votre héros lutte contre l'injustice ? Vous vous jugez très honnête. Cette comparaison vous incitera à aimer cette ressemblance avec votre héros et à la mettre en avant.

Le pardon est une chance

Pour « coller » à vos valeurs, le pardon peut être une étape indispensable. Les thérapeutes américains insistent beaucoup sur cet aspect du cheminement vers les bonnes décisions, et je m'en inspire dans ma pratique.

Le pardon est un antidote aux poisons que sont l'autocritique, le jugement, la rancune ou la culpabilité, ces sentiments qui nous pourrissent la vie. Pardonner, ce n'est pas valider ni excuser. Ce n'est pas prétendre que tout va bien et serrer les dents. Ce n'est pas une faveur que nous accordons ou une autorisation à recommencer. L'important n'est pas de savoir si ce qu'on nous a fait est bien ou mal, si le « coupable » mérite d'être puni ou non. Ce qui compte, c'est de pardonner pour soi, afin d'être plus heureux. Il est essentiel de sortir de la rancœur, parce qu'elle nourrit des comportements autodestructeurs. Quiconque est convaincu que sa situation serait meilleure s'il avait agi différemment est emprisonné dans son jugement. La réalité est la suivante : s'il avait pu – ou su – faire autrement, il... l'aurait fait. Et le constat est rigoureusement le même s'agissant du comportement des autres ; il est donc inutile et terriblement énergivore de blâmer l'autre.

Pardonner, ce n'est pas valider ni excuser ; c'est sortir de la rancœur parce qu'elle nourrit des comportements autodestructeurs.

Quand les blessures sont trop fortes

Pourtant, dans certains cas, les blessures sont si fortes qu'il semble impossible de passer l'éponge. Le processus du pardon ne fonctionne pas. La plaie est béante.

Au fond, la victime est souvent persuadée qu'elle est à l'origine de sa propre souffrance. Je tente de la déculpabiliser en utilisant des mots simples : « Ce n'est pas votre faute... J'entends votre douleur. » Cela lui permet de voir les choses à distance. Elle a subi, mais n'est pas en cause. Le mal n'est pas en elle mais au-dehors. Du coup, le ou les bourreaux n'apparaissent plus comme des monstres obsédants sortis d'un cauchemar ininterrompu. En abandonnant sa honte ou son sentiment de culpabilité, la victime peut en parler et les humaniser. Ceux qu'ils l'ont fait souffrir apparaissent alors comme des êtres humains avec leurs faiblesses et non comme des machines omnipotentes. Je demande alors à mon interlocuteur d'être égoïste et de penser à lui, pas au(x) coupable(s). C'est un pas vers la résilience et l'autonomie. La personne prend de la hauteur, ne pardonne pas si la faute est impardonnable mais accorde sa grâce, ce qui provoque un lâcher prise similaire et tout aussi salvateur. Une grâce présidentielle, en quelque sorte, un droit à l'oubli et surtout à l'indifférence qui n'efface rien, certes, mais qui décharge la victime du fardeau du ressassement perpétuel.

Les 5 grandes blessures psychologiques

(inspiré de Lise Bourbeau)

Blessures psychologiques	Origine	Fausses croyances	Comportement	Émotions	Positif
Rejet	Entre la concep-tion et la naissance	Je n'ai pas droit à la vie.	Fuite	Peur	Créativité
Abandon	Entre la naissance et 3 ans	J'ai besoin des autres pour exister.	Dépendance affective	Détresse	Engagement
Humiliation	Vers 8 mois	Je ne suis pas digne.	Masochisme	Honte	Empathie
Trahison	Vers 3 ans	Je ne peux pas faire confiance aux autres.	Contrôle	Colère	Bienveillance
Injustice	Entre 4 et 6 ans	Je doit être parfait pour être aimé.	Rigidité	Indifférence	Perfectionnisme

Prenez soin de vous

À la source du pardon : la compassion et surtout l'autocompassion. Je recommande souvent à mes interlocuteurs de prendre soin d'eux-mêmes comme ils le feraient à l'égard de leur meilleur ami. Cela suppose une bienveillance infinie. Elle commence par la reconnaissance puis se poursuit par l'acceptation de nos pensées dérangeantes et de nos douleurs émotionnelles. C'est ainsi que l'on est capable de s'ouvrir à la vie, sans occulter nos souffrances mais sans les laisser nous gouverner.

MARIE ET SON MANQUE DE BIENVEILLANCE À L'ÉGARD D'ELLE-MÊME

Marie, 30 ans, me consulte, car elle estime « prendre toujours les mauvaises décisions ». Elle est journaliste. « J'accepte n'importe quel travail, se plaint-elle, et mon parcours se présente comme une succession d'échecs. » Malgré tout, elle convient qu'elle est très appréciée dans son milieu professionnel et par ses proches, car ses conseils sont excellents. Je lui demande :

« Pourquoi ne pas profiter personnellement de cette perspicacité ?

— Parce que je suis d'une exigence tyrannique avec moi-même. Je ne décide pas en fonction de moi mais des autres, de ce qu'ils attendent ou de ce que je crois être leurs desiderata. Du coup, je ne me pardonne rien et me maltraite. »

Il a fallu du temps pour que Marie accepte de se traiter comme elle traite ses amis et qu'elle prenne des décisions bienveillantes pour elle seule, correspondant à ses vrais désirs.

L'enfer… c'est les autres ?

Décider en fonction de soi, c'est aussi comprendre que nul d'entre nous n'est à l'origine du comportement d'autrui. Ce que les autres disent et font n'est rien d'autre qu'une projection de leur propre réalité, de leurs rêves, de leurs colères. Cela leur appartient. Dans un livre célèbre du Mexicain Don Miguel Ruiz, *Les Quatre Accords toltèques*, inspiré par la sagesse des

Indiens d'Amérique centrale, nous apprenons qu'il est nécessaire de ne jamais supposer quoi que ce soit chez autrui ni de transformer en affaire personnelle l'attitude ou les mots des personnes que nous côtoyons. Y parvenir est difficile, mais c'est la voie royale vers l'autonomie et la liberté intérieure. Cette attitude nous épargne toutes sortes de douleurs inutiles et de mauvaises pensées invalidantes. Elle nous conduit aussi à accepter les regards extérieurs avec bienveillance, sans être entravé par le souvenir des moments pénibles où nous étions, enfants, en butte aux critiques des adultes.

Dans cette optique, j'aide mes interlocuteurs à passer en revue leurs moments de bonheur passés, quand ils se sont sentis « confirmés », reconnus, félicités, remerciés... Je les pousse également à s'engager – dans le monde associatif par exemple. Chacun doit pouvoir donner pour ne pas être toujours celui qui reçoit.

JAMES ET LA MUSIQUE EN PARTAGE

C'est le cas de James, 29 ans, trader de profession. Il gagnait très bien sa vie mais s'ennuyait tant qu'il déprimait. Son existence était vide de sens. Un beau jour, il a rendu visite à un jeune ami de sa famille hospitalisé et a eu l'idée de lui jouer de la guitare – un talent ancien. Avec mon aide, il a pris conscience qu'il était passé à côté de lui-même. Il a tout lâché et est devenu musicien en milieu hospitalier. Aujourd'hui, il est devenu musicien professionnel et bénévole pour une association d'enfants malades.

Moi-même, je me suis engagé en tant que coach et consultant à aider les gens. Les voir progresser me procure du plaisir. Avant de choisir ce métier, j'étais aiguillonné par la seule réussite financière et sociale. Cette soif de reconnaissance comblait un vide créé par l'absence de but valorisant et altruiste.

Ce déclic a eu lieu grâce à une succession d'événements chaotiques : dépression, séparation, déception. Ces chocs m'ont donné la chance d'exercer pleinement ce que j'aime le plus au monde : découvrir, explorer et transmettre.

Une fois vos valeurs identifiées, répondez à ces questions :

- Est-ce que je respecte ces valeurs au quotidien ?
- Sinon, lesquelles ? Pour quelles raisons ?
- Quelles actions pourrais-je entreprendre pour vivre mes valeurs pleinement ?

Par exemple, si une de vos valeurs est la famille, engagez-vous dès à présent à organiser des moments dédiés au bien-être de votre famille.

Nos pensées sont-elles responsables de notre réalité ?

« Si vous voulez être heureux, soyez-le », écrivait le romancier russe Léon Tolstoï dans *Anna Karénine*. De fait, notre perception des choses influe sur notre environnement. Les sentiments négatifs comme la colère ou la culpabilité induisent de mauvaises vibrations, qui attirent à nous des rencontres ou des expériences néfastes, alors que l'enthousiasme, l'amour ou la gratitude sont à même de booster notre avenir.

Aussi, cessez de ressasser ce qui vous heurte ou vous déplaît pour vous concentrer sur des objectifs positifs et concrets. Votre confiance en vous-même créera un cercle vertueux qui rendra meilleures vos relations sociales et affectives. Bouddha a poussé cette logique jusqu'au bout, en affirmant que « tout ce que nous sommes est le résultat de ce que nous avons pensé ».

À l'évidence, des relations épanouies jouent un rôle décisif dans le développement d'une vie pleine de sens et de bonheur. Le hic, c'est qu'il est impossible de nous entourer seulement de personnes nous permettant de renforcer notre confiance ou notre estime personnelle. Il faut bien faire avec nos détracteurs, ces individus qui ne nous souhaitent pas que du bien.

Fuyez les personnes toxiques !

C'est ici qu'il convient de définir précisément ce que sont les relations toxiques : ce sont des échanges, des liens que nous tissons avec des êtres qui ont pour désir – conscient ou non – de nous contrôler, nous manipuler, nous utiliser en profitant de moments de faiblesse ou d'une supposée infériorité. Parmi les relations toxiques les plus courantes : celles de supérieurs qui harcèlent moralement (voire sexuellement) leurs subordonné(e)s ; celles d'amants/maîtresses qui profitent d'une blessure psychologique pour s'engouffrer dans la vie de leurs victimes afin de se jouer d'elles (sur le plan économique et/ou sentimental notamment) ; celles d'amis qui sont à vos côtés exclusivement quand ils ont quelque chose à y gagner ; ou encore celles de personnes prêtes à saboter votre existence pour s'assurer que vous ne connaîtrez jamais la réussite.

Si, pour certaines personnes toxiques, il n'y a pas le moindre doute qu'il faut les fuir, il faut parfois un certain temps pour comprendre qu'une personne tente de nous discréditer, les failles et attitudes nocives – de nature perverse – étant souvent dissimulées. C'est encore plus difficile à admettre quand on sait le plus souvent que cette personne fait partie de nos proches. Pas toujours facile de reconnaître que la famille ou le cercle des amis sont souvent des théâtres où se développent les drames des relations toxiques.

Face à ce genre de profil, vous devez rester serein et détaché, et favoriser le seul échange intellectuel, démontrant au passage que vous avez pris conscience de la situation, mais que celle-ci n'impacte pas votre vie. Il n'y a rien de pire pour une personne tentant d'entretenir des relations toxiques que de constater l'indifférence à son égard. Dans le même esprit, il est nécessaire de vous désolidariser de la notion factice du « qui a tort et qui a raison » pour venir dans tous les cas à bout de ce type de relation.

THOMAS ET SON ASSOCIÉ

Thomas, quadragénaire, vient me trouver pour que je l'aide à gérer une transition de carrière sur le plan émotionnel : il veut en effet quitter son entreprise pharmaceutique pour créer sa propre société avec un associé, Nathan. Mais Thomas est libéral, vote à droite, tandis que son acolyte est… trotskiste. Ce fossé politique le met mal à l'aise.

Je lui suggère d'envoyer un questionnaire confidentiel de mon cru à Nathan, avec deux questions :

1. En quoi Thomas représente-t-il selon vous une valeur ajoutée pour votre projet commun ?
2. Qu'est-ce qui pourrait faire capoter ce projet ?

Lors de la séance suivante, je lis les réponses à Thomas : elles sont saisissantes. Nous sommes assommés par la jalousie manifeste et la méchanceté de Nathan. Pas un mot positif. Pour lui, Thomas n'aurait qu'une qualité, si c'en est une : l'éloquence. « C'est un beau parleur », écrit-il. Il ajoute que le projet risque de ne pas voir le jour, car Thomas serait « autocentré » et mû par une avidité capitaliste coupable.

À l'évidence, cette relation est toxique pour Thomas. Il décide sans plus attendre de rompre avec son associé, victime de croyances radicales et limitantes (et au tempérament destructeur !), et de rechercher à sa place une personne bienveillante, en phase avec ses valeurs.

Malheureusement, le cas de Thomas est classique, dans la mesure où les pulsions toxiques et négatives viennent le plus souvent de nos proches : amis, associés, enfants et surtout parents. Méfions-nous de toutes ces personnes qui apparemment nous aiment mais… se réjouissent quand nous chutons. Elles s'approprient notre ego et notre histoire. Nous sommes inconsciemment leur chose. Habituées à nous voir dépendants, elles rejettent notre autonomie, moteur de la réussite et de la concrétisation future de nos rêves pour suivre un parcours conforme à nos valeurs.

Il ne faut pas oublier que les vampires et les prédateurs émotionnels sont présents dans tous les contextes de votre vie, ce qui demande une certaine habileté pour les identifier et s'en protéger.

Les signaux récurrents ?

- Ils sont présents quand tout va bien, mais absents quand vous avez besoin d'eux ;
- Ils s'écoutent parler et ne vous donnent pas le sentiment d'être pleinement entendu ;
- Ils jugent régulièrement négativement, au lieu de tenter de vous comprendre ;
- Ils donnent souvent des conseils qu'ils n'appliquent pas dans leur propre vie.

Ainsi, pour vous protéger, il est très important d'apprendre à contrôler l'intensité de vos réactions (comme la colère) et de développer votre capacité d'attente et de réflexion avant d'agir. Il faut garder en tête les conséquences de vos paroles et de vos actes. La prise de distance est indispensable et vous évitera des drames épuisants et inutiles.

Il est donc parfois inévitable de prendre des décisions qui « cassent », provisoirement, votre noyau familial ou amical, et de vous éloigner pour vous protéger !

« Un jour je le ferai ! »

Il arrive que vous portiez en vous un blocage vous interdisant de vous engager sur la voie d'un nouveau défi. Vous ne voulez pas « lâcher la proie pour l'ombre » et vous vous accrochez à la routine. La route qu'emprunterait l'action semble pavée d'inconnues : la perte de votre emploi, de votre conjoint(e), de vos amis peut-être, la peur de ne pas y arriver... ? Votre quotidien vous rassure ; pourtant, vous n'êtes pas en paix. Vous observez ceux qui sont passionnés et captivés avec force et admiration. Une envie tenace, presque jalouse, vous dévore. En témoignent ces paroles amères que vous vous surprenez à lâcher à propos de tel ou untel : « Sorti de sa musique, rien ne compte pour lui ! » ou encore : « Elle se prend pour qui ? Si elle continue, sa chute sera plus dure ! »

Vous le savez confusément : vous êtes frustré car vous n'osez pas avancer. Mais est-ce si compliqué ? Selon un proverbe chinois, il ne faut pas craindre d'avancer lentement mais seulement de rester immobile. Prenez le temps d'imaginer par quoi sont passées pour atteindre leur rêve ces personnes que vous critiquez mais qui vous fascinent... Comment ont-elles fait abstraction des risques, du regard des autres ? Aujourd'hui, elles brillent. Mais c'est le résultat d'une multitude d'étapes, de risques petits voire minuscules !

Visualiser ces étapes modestes et au fond réalisables vous permet de créer en vous les conditions du changement. Les plus grands rêves, lorsqu'ils sont conformes à vos valeurs, ne sont pas si difficiles à atteindre. Il suffit de les « décortiquer », de les installer dans le temps en les transformant en une succession de buts à votre portée et rapprochés dans votre agenda.

Dans le cas contraire, la routine apparemment confortable qui est la vôtre vous empêchera d'anticiper les adaptations nécessaires et les ajustements indispensables à votre vie future. Car tout change très vite, surtout à notre époque ! Comprenez que si vous n'agissez pas, vous êtes frustré aujourd'hui et vous serez pris au dépourvu demain. Vos enfants vous comblent de bonheur ? Très bien, mais ils vont grandir et n'auront bientôt plus besoin de vous, et ce sera tant mieux. Comment allez-vous réagir ? Dans un autre registre, vous savez comme moi qu'une relation de couple qui s'installe dans la routine a de forts risques de mourir. L'ennui est un fléau pour l'être humain et également pour une relation sentimentale. Il ne s'agit pas de partir tous les week-ends en voyage, mais de faire de petites actions ou « d'envoyer » des mots bienveillants et gratifiants au quotidien à votre partenaire. Enfin, essayez de comprendre et d'accepter son jardin secret. Votre partenaire veut passer du temps, parfois, avec d'autres personnes ? Pourquoi ne pas en faire de même pour vous enrichir personnellement ? Votre relation n'en sera que plus riche !

L'EXERCICE DU FILM DE VOTRE VIE

Pour vous aider à passer à l'action, je vous propose l'exercice suivant.

Visualisez un écran de cinéma séparé en deux parties. Vous êtes l'acteur principal du film de votre vie. Installez-vous confortablement et regardez successivement les deux écrans : à gauche, le scénario 1, à droite, le scénario 2.

Scénario 1 : Le héros ose prendre la décision ressemblant à la personne qu'il rêve d'être.

Scénario 2 : L'acteur préfère le *statu quo*.

Posez-vous maintenant deux questions : quel film a été le plus stimulant et quel est votre acteur favori ? Celui du scénario 1 j'imagine ! Alors maintenant, pensez au temps qu'il vous reste pour oser interpréter ce rôle. Le rôle de votre vie. Cette vie que vous avez le pouvoir de changer par vos propres décisions.

Exprimez vos talents sans retenue !

Pour vivre la vie dont vous rêvez, il faut identifier vos talents. Vous avez déjà identifié les valeurs qui vous sont chères, il s'agit maintenant de donner des noms aux talents que vous vous reconnaissez. Écrivez-les clairement sur une feuille. Donnez-vous le droit d'approfondir des caractéristiques très personnelles et originales que d'autres, le cas échéant, estimeront usurpées ou inexistantes : par exemple, votre don à inventer un style vestimentaire que l'on vous envie ou à créer une ambiance joyeuse avec vos amis.

Pour identifier vos talents, commencez par apprendre à les ressentir. Creusez dans vos émotions et soyez attentif au moment où vous réalisez quelque chose qui vous procure de l'enthousiasme, vous fait vibrer et vous stimule. C'est ici qu'un talent s'exprime.

Ne craignez pas de demander l'avis de votre entourage. Il peut se tromper mais il arrive aussi à chacun d'entre nous d'être le dernier conscient de ses propres dons ! Car ils sont si intimement liés à notre personnalité que nous les utilisons sans toujours nous en apercevoir. Pourtant, ils nous rendent uniques et c'est sur eux qu'il faut nous appuyer pour changer notre destin. Car insuffler nos talents naturels dans tous nos actes, c'est nous donner l'opportunité d'être reconnu, de réussir mieux et surtout plus rapidement.

Nos talents nous rendent uniques et c'est sur eux qu'il faut nous appuyer pour changer notre destin.

PATRICK ET SA PÂTISSERIE MANIA

Patrick, 32 ans, est statisticien dans les assurances depuis 5 ans. Il le reconnaît, il est de loin le plus mauvais de son équipe. Sa vraie passion est en réalité la pâtisserie. Il adore inventer, créer de nouvelles saveurs. Depuis son adolescence, il aime partager sa passion avec sa famille et ses amis. Mais sa quête de statut social et le regard insistant de ses parents l'ont poussé vers d'autres études puis vers un poste plus « sérieux ». Aujourd'hui, il se replie sur lui-même et déprime, à tel point qu'il est licencié. Après une descente aux Enfers, il me consulte : « Je n'ose pas faire de la pâtisserie un métier, ce n'est pas mon style. » Je lui réponds : « Quel est votre style ? » Silence. Je lui suggère tout au moins de fonder un site web pour se divertir en proposant des créations sucrées originales. Six mois plus tard, il génère grâce à son site un chiffre d'affaires confortable. Il prend alors conscience que, même s'il gagne moins d'argent qu'en travaillant dans les assurances, le plaisir que lui procure la pâtisserie n'a pas d'égal. Il finit par modéliser, en statisticien qu'il est, son activité économique actuelle. C'est le déclic : Patrick ose et s'installe lui-même en cuisine. Après trois années de labeur, il est devenu l'un des espoirs (prometteurs) de la pâtisserie parisienne.

Pour oser, il faut assurément être motivé. Vous ne l'êtes pas assez ? Je vous suggère d'imaginer qu'une météorite se dirige droit vers notre planète à la vitesse de la lumière. Les scientifiques jugent très improbables nos chances de survie au-delà de deux années. Que faire entre-temps ? Comment vivre votre vie en sachant que tout report intempestif, ou toute procrastination, sera sans doute définitif ? Jouez le jeu !

Un dernier exemple pour vous montrer que le jeu en vaut la chandelle.

LUIGI ET SA COLÈRE MOTRICE

Luigi, trentenaire d'origine italienne, est consultant informatique. Il a créé sa propre société. En trois ans, il a recruté cinquante salariés. Un envol spectaculaire. Derrière cette *success story*, un but masqué : Luigi souhaite prendre sa revanche sur son adolescence, moqué par ses camarades de classe car il appartenait à un milieu populaire marginalisé dans son environnement géographique dominé par la bourgeoisie parisienne. Se jugeant « trop pauvre » étant jeune, il nourrit une obsession : posséder le plus possible et surtout le montrer. Cette quête excessive va de pair avec une colère non maîtrisée. Luigi ne parvient en effet pas à gérer sa rage intérieure. Continuellement, il lance des paroles violentes à la face de ses collaborateurs mais aussi de sa compagne.

Luigi me dit qu'au fond, il « ne mérite pas » sa réussite professionnelle. Ensemble, nous passons en revue son enfance. Il finit par m'avouer que son père a mené une existence libertine. Tout son village, en Toscane, était au courant de ses mœurs légères. Luigi n'a jamais digéré l'incapacité de son père à sécuriser son foyer. Enfant, il a dû endosser le rôle de protecteur. Il a épaulé sa mère et continue aujourd'hui de le faire. Il entretient d'ailleurs ses deux parents. Je lui explique que la colère est le pendant positif du courage. Si elle est maîtrisée, elle peut se transformer en arme décisive, tant son énergie est grande ! La colère n'est donc pas qu'agacement inutile. Je convaincs Luigi que la fureur est salutaire quand elle nous fournit un carburant puissant pour modifier ce que nous jugeons injuste ou illégitime. C'est le moteur de bien des engagements, à commencer par le militantisme politique ou associatif. Or ce carburant, Luigi l'a déjà utilisé sans le savoir en développant son entreprise avec succès et en osant se battre sur un terrain où d'autres ne s'aventurent pas.

Je l'invite à se projeter.

« Luigi, si vous continuez à vivre votre colère comme aujourd'hui, quelle sera votre vie dans trois ans ?

— Triste... Si je ne fais pas une crise cardiaque avant !

— Maintenant que vous évoquez cette issue, que voulez-vous réellement accomplir dans trois ans ?

— Fonder une famille.

— Sachant que votre objectif est de fonder une famille, quelles choses vous autorisez-vous à faire, pour vous-même, afin de contrôler votre colère ?

— Reprendre le sport et prendre le temps d'aller voir ma compagne jouer au théâtre. »

Luigi comprend que cette force qui est en lui peut le détruire. Sa colère, qui le faisait souffrir, s'estompe au fil de nos rencontres. Sa parole s'adoucit et je note qu'une étape décisive vers son propre bien-être est franchie.

Selon une étude du *European Heart Journal* de mars 2014, dans les deux heures qui suivent un accès de colère, notre risque de souffrir d'un infarctus est multiplié par cinq, celui d'un AVC par trois. Une raison de plus pour, comme Luigi, apprendre à la maîtriser.

Trop souvent associée à la tyrannie ou à la folie, la colère a au moins trois vertus : elle stimule notre passion, nous donne du courage et est une source puissante d'inspiration.

La colère comme refus d'accepter notre réalité qui s'impose peut nous aider à prendre des décisions et à les appliquer au quotidien. À nous d'écouter les signaux qu'elle nous envoie !

PORTRAITS CROISÉS

Charles : dans l'attente d'un « complot mondial »

Charles est un bel homme de 36 ans au faux air de Paul Newman. C'est un architecte surdoué et plusieurs fois primé lors de concours nationaux. Son regard vert est profond. Ses gestes sont gracieux.

Charles a des rêves plein la tête. Lors des 30 premières minutes de notre entretien initial, je l'écoute me décrire son projet avec une énergie presque magnétique. Ses yeux pétillent. Il est exalté, captivé, absorbé ! Il s'agit d'un concours : s'il le remporte, il peut devenir un architecte reconnu mondialement pour sa capacité à innover. Petit garçon, il voulait déjà construire une nouvelle tour Eiffel.

Au milieu de la séance, il s'interrompt pourtant brutalement. Son visage est soudain préoccupé. Il me dit : « Maxime, je dois vous avouer quelque chose, car cela me tient à cœur. » Silence. « Je crois que la fin est proche. » Je suis interloqué. Il développe : « Je n'ai pas osé vous en parler mais, pour moi, rien n'est vrai. Les médias mentent. Le 11 septembre est le produit d'un complot, tout comme les attentats en Europe. C'est l'œuvre des Illuminatis qui dirigent le monde. »

Les théories fumeuses mettant en scène les Illuminatis sont des élucubrations véhiculées par Internet concernant une prétendue société secrète, composée d'hommes et de femmes de pouvoir ou immensément riches, dont l'objet serait la domination de la planète. Charles a acquis cette croyance paranoïaque en visionnant des nuits durant des vidéos diffusées sur YouTube. Il m'explique qu'il les a « décortiquées ». Du coup, il se demande si sa volonté de se lancer dans ce concours prometteur vaut bien un tel investissement personnel « puisque la Terre court à sa perte », la destruction de notre univers représentant selon lui le « but » des Illuminatis. Sa maquette est donc au point mort : il ne parvient plus à avancer en raison de sa peur conspirationniste.

C'est une croyance limitante qui lui interdit de devenir l'homme qu'il a toujours rêvé d'être. Pourtant, le succès semblait à portée de main. Non seulement Charles stagne, mais son obsession le rend asocial. Il répète en boucle à son entourage qu'un terrible malheur est proche pour le monde entier. On le fuit. C'est un cercle vicieux : il se replie sur lui-même. Certains amis, de nombreux confrères finissent par le détester. Sa légitimité d'architecte surdoué est mise en cause.

Comment l'aider à dépasser cette paralysie ? Comment le conduire à retrouver l'énergie et la santé psychique nécessaires à l'élaboration de sa maquette ? Comment trouver la clé, celle qui cassera la spirale de l'échec où il est enfermé, en remplaçant sa croyance limitante en une ou des croyances aidantes ?

Il s'avère que l'obsession de Charles est apparue après une rupture douloureuse. Il me confie qu'il a vécu pendant 5 ans avec une femme dépressive dont il était éperdument amoureux. Incapable de la quitter, il s'est créé, « pour tenir », un univers parallèle. Afin de ne pas sombrer avec elle, il a pris l'habitude de s'enfermer vers 2 heures du matin dans la petite loggia aux couleurs sombres qui fait office de bureau et de base de repli dans leur appartement. Au fil des séances, il admet que ce plongeon nocturne et quotidien dans des lectures et vidéos suggestives lui a apporté à la fois un grand bol d'air et une porte de sortie intellectuelle – ou plutôt émotionnelle. En effet, il a renforcé une impression datant de son enfance : on lui ment. À 19 ans, alors que Charles s'apprêtait à déjeuner avec ses parents, il entend une conversation entre sa mère et son père. Il découvre qu'il a été adopté. Un séisme. Tout s'effondre autour de lui. Ce choc est à l'origine de sa vision du monde : un vaste complot ! Il s'est senti trahi. Ce sentiment l'a accompagné jusqu'à l'âge adulte. Il n'est pas si négatif, dans la mesure où il lui a permis de développer une capacité de résilience, consistant à surmonter les épreuves et réussir sa vie professionnelle, malgré la douleur intense qui l'habite depuis cet instant précis où il a découvert que ses parents ne l'avaient pas conçu. Face à la dépression de sa compagne puis sa séparation, il a donc reproduit un schéma ancien.

Je décide de lui faire revivre le traumatisme à l'origine de sa croyance limitante et lui suggère de l'interpréter de façon différente, à la lumière de sa maturité et de son expérience d'adulte. Un travail d'introspection douloureux pour Charles. La seconde étape est la phase d'affirmation positive. Je l'amène à reformuler ses phrases positivement. Je tente ainsi de le « reprogrammer » pour qu'il enterre sa croyance négative et qu'il cesse d'en vouloir à ses parents adoptifs. Il concède au final qu'ils l'aimaient et ont fait ce qu'ils ont pu pour lui éviter tout contact avec sa véritable histoire. C'était affreusement maladroit mais leur intention était sincère et leur cœur pur. Peu à peu, Charles intègre les mots magiques : « Je suis légitime pour gagner ce projet architectural. Je me fais confiance. »

Dernière étape : je souhaite que Charles visualise sa réussite future de manière détaillée. Et verbalise celui qu'il rêve d'être : un architecte reconnu par ses pairs. Je lui demande ce qu'il éprouve quand nous évoquons ensemble cette perspective. « Je me sens tranquille, apaisé », me répond-il. Je le conduis à choisir précisément le moment et le lieu où il compte célébrer la victoire au concours avec ses proches. En visualisant cette fête, il parvient à imaginer les étapes successives qui doivent le propulser à la place d'honneur. C'est ainsi qu'il apprend au fil des séances à cultiver et nourrir patiemment son rêve.

Charles a remporté le concours. Il a osé dépasser sa croyance limitante, non sans douleur. Mais aujourd'hui, il est sur la voie de la paix intérieure.

Winston Churchill : seul contre tous

Le 10 mai 1940, sir Winston Churchill devient Premier Ministre du Royaume-Uni. Il est appelé à former un gouvernement d'union nationale pour faire face à la menace grandissante venue d'Allemagne. En juin, tout le monde en Europe a le sentiment qu'Hitler a déjà gagné la guerre. À Londres, on se prépare à une probable invasion. Le 17 juillet, contre toute attente, le leader nazi propose une paix unilatérale. Beaucoup, y compris chez les cadres des services de renseignement, considèrent cette offre comme l'ultime chance de sauver la Grande-Bretagne. Pourtant, Churchill refuse cette option contre une large partie du Parlement. Rudolf Hess, le plus vieux compagnon d'Hitler, débarque discrètement en Écosse en mai 1941 et renouvelle une fois encore l'offre du chancelier du Reich. Le chef du cabinet refuse de le rencontrer. Pire : Hess est immédiatement emprisonné à la Tour de Londres.

Cette décision inattendue va changer le cours de l'Histoire. Alors que la classe politique de son pays souhaite globalement l'arrêt des hostilités afin de préserver l'empire, Churchill tient bon. Du coup, les bombardements allemands soudent le peuple britannique au lieu de casser son moral.

Le Premier Ministre a résisté à toutes les pressions, n'a pas cédé au chantage ; il n'a écouté que ses propres valeurs et son courage en osant dire non. Face à la Wehrmacht, il a enclenché la résistance du monde libre au fascisme, prélude à la victoire finale.

Parmi ses citations célèbres, une résonne encore aujourd'hui comme une invitation à oser être nous-même, en phase avec nos valeurs : « Vous avez des ennemis ? C'est bon ! Cela signifie que vous avez défendu quelque chose, quelque part dans votre vie. »

LOI 3

Jonglez avec votre intuition

L'intelligence intuitive : un atout à cultiver

Ce chapitre est consacré au sixième sens, l'intuition, fonction essentielle de l'esprit humain selon Jung, l'un des pionniers de la psychanalyse, présente en chacun de nous. L'intuition est le processus instantané de croisement d'une perception avec une ou des expériences passées ou, dit plus simplement, une manière rapide d'évaluer une situation en la comparant avec des situations similaires déjà vécues. Cette pensée qui prend parfois la forme d'une certitude donne une impression de liberté et de facilité, elle agit comme une petite voix qui « jaillit comme un éclair », pour le philosophe Nietzsche, tandis qu'elle est la marque de fabrique de toutes les œuvres de génie pour Schopenhauer.

Mais que faire de l'intuition ? Certains l'écoutent, d'autres la refoulent, d'autres encore préfèrent l'ignorer car elle peut être mauvaise conseillère ! Comment alors prendre du recul, rester à la fois spontané et rationnel ? Comment dompter et muscler votre intelligence intuitive pour en faire un véritable atout ? Car les neurosciences reconnaissent aujourd'hui qu'elle peut nous aider, en imaginant des réponses et des solutions hors « logique prédictible ». Certains scientifiques appellent ainsi l'intuition « inconscient d'adaptation ».

Bien maîtrisée, l'intuition peut devenir un puissant outil d'aide à la décision. Pensez aux hommes et femmes de pouvoir, qui prennent des dizaines de décisions quotidiennes parfois cruciales. Dans son livre *Le Manager intuitif* (Dunod, 1992), la conseillère en entreprises Meryem Le Saget brosse le portrait d'un dirigeant prêt « à explorer toutes les facettes de son potentiel ». Son comportement se caractérise par la flexibilité émotionnelle et la capacité d'adaptation, le sens de la communication et la volonté de donner du sens à l'action. Adieu le stéréotype du management autoritaire où la parole venue d'en haut représente le modèle unique ! S'il est intuitif, le patron efficace accueille au contraire critiques et contradictions, et les intègre à son projet. Partisan du travail en équipe, il fait tout pour révéler chez ses collaborateurs des forces et qualités qui leur étaient inconnues. Le manager intuitif pousse ceux qui l'entourent à cultiver ces qualités enfouies, cet équilibre intellectuel et psychologique qu'il a lui-même privilégié dans sa pratique personnelle. En réconciliant raison et émotions à travers le dialogue, il détient les clés de la réussite. « Il s'autorise à être lui-même, fort et faible, solide et vulnérable, raisonnable et irrationnel, humain en somme », écrit Meryem Le Saget.

Une compétence féminine ?

À lire la description que Meryem Le Saget fait d'une personne intuitive, on se prend à penser que c'est un comportement essentiellement féminin... Ce n'est pas tout à fait un préjugé : les femmes seraient en effet de meilleures dirigeantes que les hommes. Dans une étude parue en 2006, le cabinet de conseil américain Catalyst remarquait que les sociétés comptant une grande proportion de femmes dans leurs organes de décision réalisaient 42 % de bénéfices en plus et obtenaient un rendement bien supérieur aux autres – de l'ordre de 66 % tout de même. Ce résultat s'explique par un atout majeur qu'exploitent les femmes : l'intuition ou plutôt la capacité à s'en servir à bon escient.

Quel intuitif êtes-vous ?

Pour transformer votre intuition en un puissant outil d'aide à la décision, la première condition est d'acquérir une connaissance suffisante de vous-même pour bien vous comprendre avant de décider ce qui est le meilleur pour vous ou pour les autres. En toute connaissance de cause, vous serez capable d'explorer toutes les pistes avec les cartes dont vous disposez – plus nombreuses que vous le croyez généralement.

L'intuition représente la « face cachée » des décisions, le guide souvent inconscient de votre pensée. Encore faut-il apprendre à utiliser le type particulier d'intuition qui vous anime. Cela passe par la connaissance de vos sens, qui sont à la source de votre intuition. Il en existe cinq : la vision, l'ouïe, le goût, l'odorat et le toucher. Mais quel est votre sens privilégié ? Il existe en réalité trois catégories principales d'individus.

1. Plus de 60 % d'entre nous sommes des visuels. Cela signifie que nous préférons les images aux mots. Lorsque nous parlons de quelque chose, nous aimons nous servir d'une feuille et d'un stylo pour illustrer notre propos.
2. Les auditifs (un tiers de la population) apprennent plus vite en écoutant les mots ou les sons. Ils sont reconnaissables à leur capacité à communiquer par oral. Lorsqu'ils lisent, ils le font parfois à haute voix pour mieux comprendre. En outre, ils apprécient la musique et ont souvent eux-mêmes un talent musical.
3. Enfin, les kinesthésiques représentent entre 5 et 10 % d'entre nous. « Kiné » est un préfixe qui renvoie au toucher. Ce sont, vous l'aurez compris, des personnes qui apprennent mieux quand elles sont actives physiquement, en participant, imitant, touchant... D'où leur difficulté à rester attentives trop longtemps. Souvent douées pour le sport, elles ont besoin d'essayer, de tâtonner par

elles-mêmes avant d'agir, plutôt que d'écouter et suivre telle ou telle instruction.

Or, le système éducatif français est essentiellement conçu pour les visuels : la feuille et le stylo restent donc les deux outils pédagogiques de base. Que les autres se débrouillent !

LISA ET SON FONCTIONNEMENT AUTRE

Lisa a 12 ans. Les outils tout simples que sont la feuille et le stylo ne l'intéressent pas. Elle est déjà depuis quelque temps reléguée au rang de mauvaise élève. « Lisa n'écoute pas en classe et n'est pas du tout adaptée à notre manière d'enseigner », reconnaît le directeur de son école. Ses parents sont désespérés. Lisa se ferme et se bloque de plus en plus. Son père, un ami d'enfance, me demande conseil. Très vite, je comprends qu'elle est kinesthésique. Je lui suggère de proposer à sa fille la pratique d'un art martial. Lisa décide alors de se lancer dans le judo. Elle excelle bientôt dans sa catégorie. Le moniteur, ancien champion d'origine japonaise, souhaite même qu'elle rejoigne le cursus Sports Études.

Comment a-t-elle réussi en si peu de temps ? Je décide d'assister à un cours pour comprendre : Lisa n'écoute aucune instruction, mais je remarque qu'elle imite geste après geste son moniteur, à la perfection ! Si elle continue le judo, elle choisit néanmoins de poursuivre un cursus scolaire classique. Enfin consciente de son propre mode de fonctionnement, elle s'autorise à tâtonner, à expérimenter en permanence et finit bientôt l'année parmi les meilleurs élèves de sa classe.

Décelez votre tendance sensorielle et acceptez votre fonctionnement intuitif personnel pour en faire un atout ! Quand je vous dis « les vagues de la mer » :

a) Vous voyez la mer bleue avec ses vagues.
b) Vous entendez le son des vagues.
c) Vous ressentez la fraîcheur de l'eau sur votre corps.

	Réponse a)	**Réponse b)**	**Réponse c)**
Tendance sensorielle	**Visuelle**	**Auditive**	**Kinesthésique**
Conseils pour une meilleure assimilation	Privilégiez les photos, schémas et dessins.	Parlez à haute voix ou écoutez-vous parler.	Utilisez et ressentez votre corps en mouvement.

Si vous êtes autant auditif, visuel que kinesthésique, vous avez des facilités à vous sentir bien dans des environnements variés.

La première impression

La première impression, on la ressent tous, à l'occasion de nouveaux événements comme la première rencontre avec quelqu'un. La première impression est cette intuition qui survient immédiatement lors de la confrontation directe avec un interlocuteur. Elle s'impose comme une évidence. Si elle est juste, elle permet de saisir la personnalité d'un individu jusque-là inconnu. C'est un mode intuitif crucial, puisqu'il renvoie à une question que nous nous posons souvent : « Puis-je faire confiance à tel ou tel ? »

Je me souviens avoir moi-même ressenti une première impression… impressionnante, au cours d'un entretien avec un candidat briguant un poste de commercial dans mon entreprise. J'étais en charge du recrutement. Je n'avais pas encore pris connaissance de son CV ni de ses références. Pourtant, j'ai pensé d'emblée qu'il s'agissait du candidat idéal. Je l'ai embauché. J'ai eu la main heureuse puisqu'il est devenu rapidement mon meilleur collaborateur.

N'avez-vous jamais fait cette expérience ? Vous êtes admis dans un nouveau groupe et vous identifiez, dès le premier regard, la personne qui vous inspire confiance, celle qui, d'emblée, vous veut spontanément du bien. Et reconnaissez que vous vous trompez rarement ! C'est pourquoi il arrive souvent que l'on regrette de n'avoir pas suivi sa première impression, dans les sphères privée comme professionnelle.

PATRICK ET SA PREMIÈRE IMPRESSION MALHEUREUSEMENT MISE AU RANCART

Patrick est un jeune banquier de 32 ans. Lorsqu'il me consulte, une procédure de licenciement est en cours contre lui. Il me raconte qu'il a rencontré par hasard un certain Pierre, homme d'affaires à la recherche de capitaux, à l'occasion d'une soirée entre amis. Ils ont été présentés l'un à l'autre. Dès le premier échange, Patrick a éprouvé un profond malaise : il se sentait inexplicablement repoussé par Pierre. Pourtant, à chaque rendez-vous suivant avec Pierre, ce dernier se montrait ouvert, agréable et poli. Sa conversation était pondérée et raisonnable. Patrick a mis au rancart ses préjugés et a fini par changer d'avis et d'impression : désormais en confiance, il demande à sa banque un crédit important pour investir dans une société dont Pierre est le gérant. Au début, tout se passe bien mais, assez rapidement, il découvre que l'homme d'affaires l'a dupé. Patrick perd beaucoup d'argent et se rend compte que le téléphone de son associé sonne dans le vide. Pierre envolé, il se retrouve seul avec comme unique récompense une dette à six chiffres ! À travers nos échanges, il admet que sa première intuition méritait une véritable attention, car elle reflétait la réalité bien davantage que ses réflexions ultérieures.

Ce n'est pas un hasard : si votre première impression est presque toujours la bonne, c'est qu'elle est issue de votre esprit au sens noble, de vos pensées conscientes mais surtout de millions de pensées inconscientes « non filtrées », fruits d'expériences multiples étalées sur des années, voire des décennies, et qu'il est impossible de rationaliser ou d'expliquer clairement à vous-même. J'aime cette phrase d'Henri Jeanson, écrivain, journaliste et scénariste français : « La première impression est toujours la bonne, surtout quand elle est mauvaise. »

Malheureusement, la société d'aujourd'hui n'encourage guère l'intuition, elle privilégie l'intellect et le savoir au détriment des réactions instinctives et spontanées.

Peu importe, passez outre quand votre petite voix intérieure vous envoie un signal ! Votre esprit, s'il n'est pas entravé, perçoit les choses bien au-delà des apparences. Nous ne sommes à ce titre pas si différents des animaux : les chiens, par exemple, savent d'instinct si nous avons peur, si nous leur sommes hostiles... et se défendent alors en aboyant.

Méfions-nous de notre tendance à trop intellectualiser les choses. C'est justement parce que parfois nous réfléchissons intensément, en occultant des perceptions sensorielles à la fois élargies et immédiates, que nous nous laissons abuser. Notre vision d'ensemble est altérée par un raisonnement forcément étroit et limité. Car l'intuition, elle, embrasse des données innombrables et complexes, tandis que notre cerveau rationnel ne peut en appréhender, au même moment, que quelques-unes. Comme le remarquait Albert Einstein : « L'intellect a peu à faire sur le chemin de la découverte. Un bond se produit dans la conscience (...) et la solution vient à vous. Vous ne savez ni comment ni pourquoi. »

Voyez avec votre cœur

« On ne voit bien qu'avec le cœur. L'essentiel est invisible pour les yeux », affirme le Petit Prince dans le célèbre récit de Saint-Exupéry.

Le cœur est la voie royale permettant d'accéder à votre être profond, autrement dit à votre intuition. Et si contrôler son cœur, c'était contrôler son cerveau mais aussi doper son intuition ?

La notion de cohérence cardiaque a été popularisée par le docteur David Servan-Schreiber dans son best-seller *Guérir* (Robert Laffont, 2003). Elle repose sur l'harmonisation des battements du cœur et du souffle. Cette pratique diminue le stress et favorise la créativité. À mon avis, c'est aussi le meilleur exercice pour muscler ce magnifique pouvoir souvent décrié par les scientifiques (faute de preuves !) mais qui est en chacun de nous : l'intuition.

Le principe est simple : contrôlez vos battements cardiaques et vous contrôlerez votre cerveau. En effet, lorsque vous êtes confronté à une situation stressante, votre cœur a tendance à s'emballer et à « battre la chamade ». En cas de colère ou de contrariété, ses battements deviennent très irréguliers. Votre cerveau influence directement votre rythme cardiaque.

Le cœur est donc un organe bien plus intelligent qu'il n'y paraît. Des travaux de recherche récents ont même démontré qu'il abritait un réseau dense de neurones et qu'il émettait un champ magnétique très puissant. Le cœur serait donc votre « cerveau intuitif ». Pourtant, vous n'y prêtez guère attention. Alors prenez quelques instants pour le faire et éprouvez sa présence. Sentez l'air le traverser, l'animer, l'ouvrir. En travaillant sur la respiration, il est possible de contrôler les variations de la fréquence cardiaque… et le fonctionnement du cerveau. En régularisant les battements de votre cœur, vous vous tranquillisez, un peu à la manière d'un exercice de méditation.

L'EXERCICE DE LA RESPIRATION ABDOMINALE

Pour mieux comprendre la cohérence cardiaque, commencez par visualiser la respiration d'un bébé. Observez : seul son ventre se gonfle. C'est la respiration originelle, abdominale. En gonflant, le ventre est naturellement à l'écoute du cœur, il est presque aligné sur le rythme cardiaque et donc sur le « cerveau intuitif ».

Pourquoi votre respiration est-elle différente, pourquoi se fait-elle principalement par la bouche ? Parce que vous avez accumulé une telle tension abdominale, au fil des années (votre ventre « enregistrant » peu à peu chaque trace de stress), que vous n'êtes plus capable de respirer comme autrefois. Votre « cerveau intuitif » a été mis en sourdine. Vous ne l'écoutez plus, et c'est dommage !

Expirez profondément avec la bouche (uniquement avec la bouche), puis posez une main sur votre ventre et inspirez avec force en gonflant au maximum votre ventre, comme un ballon, pendant 5 secondes. Ensuite, expirez à nouveau profondément et lentement en dégonflant votre ventre, toujours pendant 5 secondes. Gardez bien votre attention sur votre respiration pendant les 10 secondes d'inspiration et d'expiration. Recommencez à plusieurs reprises pendant 5 minutes.

Cet exercice est désormais largement banalisé dans les mondes médical et paramédical. Répété régulièrement, il est source de bien-être et vous permettra surtout d'aiguiser votre intuition, améliorant la qualité de vos décisions futures.

Soyez à l'écoute de vos alertes naturelles

Le chercheur en psychologie américain Gary Klein a montré que, chez certains professionnels comme les pompiers, les décisions prises dans l'urgence sont de nature purement intuitive. Ces hommes et femmes aguerris donnent l'impression de ne pas peser le pour et le contre. Ils semblent faire preuve d'une assurance insolente. En réalité, ils examinent une seule solution plausible fondée sur leur expérience et la simulent mentalement pour vérifier qu'elle fonctionne avant d'agir. Si c'est le cas, ils la mettent immédiatement en pratique. C'est une alerte naturelle de leur esprit, instinctive, répondant à une alerte concrète. Pourquoi ne se trompent-ils jamais, ou très rarement ? C'est leur compétence qui fait la différence.

Selon le psychologue et économiste israélo-américain Daniel Kahneman, une intuition juste tient à deux conditions :

1. un environnement régulier, prévisible ;
2. et le fait que la personne intuitive dispose d'une connaissance suffisamment longue et étendue de cet environnement grâce à une sérieuse « expérience de terrain ».

C'est ainsi que des experts tels que les médecins ou les pompiers ont souvent d'excellentes intuitions. Vous aussi, écoutez vos alertes naturelles dans les domaines où vous avez accumulé suffisamment d'échecs et de succès pour vous trouver en terrain connu. Laissez votre intuition puiser dans les archives de votre mémoire et vous guider vers les bons choix.

Une enquête menée à la fin des années 1990 par Jagdish Parikh, un chercheur de l'université américaine Harvard, a montré que 80 % des cadres dirigeants attribuaient leurs réussites... à l'intuition.

Alors comme eux, demandez-vous le plus souvent possible : « Est-ce que je flaire la situation et, si oui, dans quel sens ? » Laissez-vous porter par votre expérience et faites confiance à votre spontanéité. Ne la bridez pas, laissez-la s'exprimer comme l'a fait Mussie Weinfeld, une jeune New-Yorkaise dont le parcours familial et professionnel lui imposait d'incessants voyages en avion. Cette femme a probablement sauvé d'une mort certaine, en 2015, les 200 passagers d'un vol entre Israël et les États-Unis. Elle était à bord, à Tel-Aviv, alors que l'avion n'avait pas encore décollé. Après s'être installée sur son siège, elle a entendu des bruits étranges. Nullement mécanicienne, elle a pourtant immédiatement compris que ces bruits étaient suspects, car jusqu'ici inconnus pour une habituée des avions comme elle. Elle a donc alerté, dans un premier temps, les passagers avoisinants. Ils ont rétorqué qu'ils n'entendaient rien et voulaient seulement décoller pour arriver à l'heure. Pourtant, elle a persévéré, écouté son intuition et a fini par avertir le personnel. On lui a alors confirmé que l'appareil était « parfaitement conforme » aux normes techniques en usage. Sans se décourager, elle a insisté, animée par une force de conviction hors du commun, pour que l'avion ne décolle pas. Les passagers étaient furieux. Finalement, les mécaniciens de l'aéroport ont vérifié l'appareil et ont constaté… un risque de crash. L'avion a été évacué ; apprenant la cause de cette mésaventure, plusieurs passagers sont venus vers Mussie pour s'excuser et la remercier d'avoir très certainement sauvé leur vie.

Le pressentiment, le déjà-vu : une réalité bien tangible

Avez-vous déjà prévu, anticipé une situation avant qu'elle n'arrive ? Oui ? Ce n'est pas de la science-fiction, mais un phénomène intuitif appelé pressentiment. Les neuroscientifiques lui ont consacré des études qui ont démontré non seulement son existence, mais aussi qu'il transite par le corps.

Un mardi soir à Lyon. Lors d'une soirée entre amis, Vanessa ressent un malaise qui l'étreint. Une douleur à l'estomac l'oblige à s'asseoir. Elle s'évanouit à 23 h 44. Très attachée à sa grand-mère, elle lui a rendu visite le matin même. Alors qu'elle poussait la porte de sa chambre, un frisson l'a parcourue en apercevant la vieille femme dans son fauteuil. Une petite voix lui a chuchoté : « C'est la dernière fois que tu la vois. » Vanessa a chassé cette pensée dramatique de son esprit et a profité de l'après-midi qu'elle a passé avec sa grand-mère. Celle-ci décède à l'heure exacte où Vanessa s'effondre : 23 h 44.

Des histoires comme celle-là ne vous sont peut-être pas étrangères. Elles vous effraient peut-être, car elles semblent relever du paranormal… Pourtant, même si nous sentons que ces intuitions sont justes et authentiques, elles sont considérées par beaucoup comme de « purs hasards », des coïncidences liées à un simple effet statistique : des « probabilités probables », en somme. Rien à voir avec l'intuition ? Pourtant, des travaux très sérieux menés depuis une quinzaine d'années éclairent ce que les neuroscientifiques appellent « l'anticipation physiologique prédictive ». Ce sont donc bien les signes corporels qui sont concernés ici.

Soyez attentif à ces signes. Ils peuvent vous avertir, de manière intuitive, d'un danger ou au contraire d'une occasion à ne pas rater. Dans ce contexte, votre corps se transforme en antenne capable de capter les changements physiologiques propres à chaque individu. Cela entraîne des impressions de vibrations, d'oreilles qui bourdonnent, des douleurs diffuses et des frissons, des sensations de décharge électrique, de picotement, de fermeture au niveau du cœur, des minivertiges ou encore des troubles intestinaux. Vos organes répondent naturellement à ceux des autres, sans passer d'emblée par la case de la compréhension consciente, qui se manifeste ensuite. Cette connexion entre nos organes nous échappe parfois. Nous prenons alors conscience qu'un changement radical est salutaire au moment où la maladie est parfois malheureusement déjà bien installée.

Avec de l'entraînement et un travail d'écoute de votre corps, par le biais de la méditation ou du yoga par exemple, il est possible d'affiner vos perceptions intuitives corporelles et de provoquer ainsi des pressentiments parfois fort utiles. Ainsi, le grand financier américain d'origine hongroise George Soros se fie à son mal de dos pour évaluer le risque d'un investissement. Et il se trompe rarement ! Notre corps, au fond, ne ment jamais car il est dépositaire de l'ensemble du savoir implicite et inconscient lié à notre histoire personnelle. Si nous souffrons ou ressentons simplement en nous un signal physique, il est toujours pertinent de nous interroger sur sa portée symbolique et intuitive afin de nous en libérer tout en saisissant son sens caché.

L'une des facettes du pressentiment, mystérieuse mais tangible, est l'impression de « déjà-vu ». Avez-vous parfois la certitude d'avoir non pas prévu mais déjà vécu une situation présente ?

Un repas entre amis. Pendant quelques instants, tout vous semble prévisible. Il est probable qu'une zone particulière du cerveau soit concernée : le lobe temporal. Elle se situe derrière l'os temporal (les tempes). Selon certaines études, la sensation de « déjà-vu » se produirait souvent chez de jeunes adultes âgés de moins de 40 ans et sujets au surmenage, voire au *burn out*. Quand un trop grand nombre d'éléments doivent être analysés au même moment par le cerveau, il sature et aurait tendance à enregistrer des informations avec un léger décalage par rapport aux autres. D'où cette sensation de « déjà-vu ».

Mais alors comment analyser un « déjà-vu » survenant dans un pays étranger, ou lors d'une rencontre avec une personne inconnue ? Là, à première vue, rien qui puisse rappeler le passé. Et pourtant, tout vous paraît familier...

Cette sensation fugace et déconcertante est inexpliquée par la science. Il est donc tentant de dédaigner ce sixième sens, de n'y prêter aucune attention. Je vous recommande au contraire de vous en servir. Même irrationnel et mis en doute par les esprits cartésiens, le « déjà-vu » est un phénomène intuitif réel qui nous permet d'être en meilleure résonance à la fois avec nous-mêmes et avec notre environnement. Les artistes, notamment les musiciens, le savent spontanément et utilisent régulièrement ce sixième sens. En effet, repérer des anomalies musicales subtiles requiert des années de pratique. Cela devient possible quand les règles de l'harmonie sont « absorbées » au plus profond du cerveau des musiciens, au point de les doter d'un sixième sens musical hors du commun. Cela passe par l'activation de certaines régions cérébrales (hippocampe et amygdale) associant la mémoire et les émotions.

Clara James, violoniste professionnelle et neuroscientifique, a analysé par neuro-imagerie le cerveau de pianistes de niveaux professionnels variables, alors qu'ils écoutaient des passages musicaux dans lesquels avaient été glissées de subtiles entorses aux règles harmoniques. Seuls les pianistes les plus expérimentés ont réussi à déceler ces très légères anomalies, imperceptibles pour un amateur de musique.

Freud lui-même ne résiste pas à l'appel : il lui trouve une place dans sa grille de lecture. Le « déjà-vu » est pour lui l'apparition soudaine et consciente, mais incomplète, d'un souvenir refoulé. Comme le rêve, le « déjà-vu » serait-il l'expression de nos désirs secrets ? Notre esprit puise alors naturellement en lui-même, épluchant des millions d'informations.

Se servir de son intuition est donc une démarche extrêmement positive et utile, qui consiste à substituer l'intuition à l'analyse méthodique plus étriquée d'une situation.

L'intuition, force créatrice

Pour clore ce chapitre, je voudrais souligner que l'être humain dispose d'une faculté proprement créatrice. Il peut s'en servir à bon escient pour diriger son destin et exercer son libre arbitre. L'intuition est au cœur de cette force, car elle met en branle, spontanément, toutes les connaissances dont nous avons besoin pour identifier précisément le sens de notre vie ou la direction vers laquelle nous devons orienter nos efforts. L'intuition révèle alors ce qui nous importe de créer pour changer.

Le grand chirurgien du XVIe siècle Ambroise Paré s'est formé en autodidacte sur les champs de bataille. Il est à l'origine d'immenses progrès dans sa discipline, dont il fut le pionnier. Ainsi, il a été le premier médecin à pratiquer des ligatures. Cette initiative est venue « à sa rencontre » par intuition : « C'est sans l'avoir vu faire, ni ouï dire, ni lu qu'il a plu à Dieu de m'aviser de l'idée d'entourer et serrer d'un fil l'artère béante des amputés », a-t-il confessé.

Des génies de l'art, je l'ai dit, écoutent leurs intuitions pour réaliser leurs chefs-d'œuvre. Ainsi, le compositeur allemand Richard Wagner a reçu l'inspiration pour l'ouverture de son célèbre opéra *L'Or du Rhin* en rentrant d'une longue promenade : « Je m'étendis, mort de fatigue, sur un canapé dur, attendant l'heure tant désirée du sommeil. Il ne vint pas ; mais je tombai dans une sorte de somnolence (...), comme si j'étais en train de sombrer dans des flots coulant rapidement. Le bruit de l'écoulement prit forme en mon cerveau comme un son musical. L'accord en *mi* bémol majeur résonnait continuellement en des formes brisées (...). Je me réveillai de mon sommeil dans une terreur soudaine (...). Je reconnus d'un coup que l'ouverture orchestrale de *L'Or du Rhin* m'avait été révélée. »

Que se passe-t-il vraiment dans le cerveau d'un musicien qui improvise une mélodie ?

C'est la question à laquelle deux équipes, l'une dirigée par Fredrik Ullén du Karolinska Institute de Stockholm en Suède, l'autre par Charles Limb, du National Institutes of Health, aux États-Unis, ont cherché à répondre. Ils ont examiné le cerveau de pianistes alors qu'ils reproduisaient un morceau de musique et lorsqu'ils improvisaient, les doigts sur leur instrument. Résultat : une partie située à l'avant du cerveau, le cortex préfrontal dorso-latéral, semble jouer un rôle déterminant dans l'improvisation. Cette zone est habituellement associée à la planification des actions et à la censure personnelle. Pour un musicien qui improvise, cette partie du cerveau a une activité inhabituellement basse. Autrement dit, quand il improvise, un musicien libère toutes ses envies et n'a plus aucun complexe. Mais cette libération créative n'est pas naturelle, elle se travaille et ne peut être maîtrisée qu'après de longues années de pratique.

Les neurosciences le confirment : ni magie ni don, l'intuition est une forme d'intelligence présente en chacun de nous. Elle se cultive, se travaille et s'aiguise au quotidien. Pour se faire entendre, elle doit être régulièrement sollicitée en pratiquant notamment, deux à trois fois par semaine, l'exercice de respiration abdominale exposé dans ce chapitre.

Cette faculté peut embellir nos vies, alors cultivons-la !

PORTRAITS CROISÉS

Une fois n'est pas coutume, pour ce portrait, je décide de parler de moi qui ai renoué avec mes sensations après des années d'étouffement.

Le choix qui a changé ma vie

À 37 ans, je me suis retrouvé confronté à un dilemme : j'avais des choix professionnels à faire et ma relation de couple était très tendue. Une petite musique intérieure me suggérait que j'avais pris une série de mauvaises décisions pour en arriver là. Aveuglé par la honte, je développais des stratagèmes factices afin d'oublier mon échec : je rationalisais, je normalisais, bref j'étouffais mon pressentiment négatif. Mais au fond, j'étais consterné et paralysé.

Revenons 5 ans en arrière. Mon épouse et moi décidons de quitter la France pour l'hémisphère Sud. Fraîchement arrivé à Sydney, on me propose la direction prestigieuse d'une multinationale de luxe pour l'Australie. Je ne résiste pas, le statut social que suppose la fonction brille intensément : ma famille est fière de moi. Pourtant, j'ai conscience d'être épuisé physiquement et mentalement. Je sors d'une aventure entrepreneuriale personnelle et fructueuse de 6 années, stoppée violemment par la crise économique de l'été 2008. Mais je me crois indestructible, capable de tout gérer et de tout assumer. Ce faisant, je me mens à moi-même. En ligne de mire, le succès, quel qu'en soit le prix. Je me force presque à m'extasier devant mon nouvel environnement : la mer, le soleil et le *life style* en principe cool et apaisant de Sydney. Mon travail me prend en réalité le peu d'énergie qui me reste. Mes efforts sont d'autant plus importants que je dois faire face à une forte barrière culturelle en termes de management. Je me sens vidé et peu épanoui. Je m'accroche pour les miens.

Après 2 années à ce rythme, nous quittons Sydney pour Singapour, ville onéreuse où notre train de vie reste toutefois luxueux. J'ai le sentiment d'être coincé dans une prison dorée. Tout cela est absurde. Pourquoi ne pas revenir en France et retrouver ma zone de confort, le temps de me reposer et de me recentrer ? Tout est beau autour de nous et paradoxalement, nous paraissons désenchantés. « Je te voyais pourtant comme un Superman », me dit ma femme, quand je lui confie mes doutes sur cette décision risquée de recommencer une nouvelle fois notre vie en Asie.

Épuisés moralement et en perte de repères, nous rentrons en France. Quelques mois plus tard, nous décidons de nous séparer. Perdu, je consulte un psychiatre. Son diagnostic est clair : dépression de type biologique appelée communément *burn out*. Cette maladie se caractérise par un état d'épuisement général, à la fois psychique, émotionnel et mental ; « les batteries sont vides ». Le *burn out* se déclenche à la suite d'une exposition constante et prolongée au stress. Il est généralement associé aux métiers à forte sollicitation cérébrale, émotionnelle et affective, assortie d'objectifs exorbitants ou irréalistes. Mon psychiatre m'explique qu'il faut éviter toute décision importante en cette période propice au recul. Un recul qui me conduit peu à peu à comprendre l'essentiel : mon aveuglement est encore plus ancien que je ne le croyais !

En revoyant mes parents à Paris, je comprends que, pendant toutes ces années, j'ai mis de côté ma valeur fondamentale : la simplicité. Sur ce point, je leur ressemble. La passion pour ce qui brille, que j'ai fait mine de partager avec ma femme, n'est pas la mienne. L'esprit de conquête en excès, le besoin de reconnaissance sociale ne sont pas les vrais moteurs de ma vie. J'aime aider les autres à suivre leurs voies. J'apprécie l'instant présent, et même, de temps en temps, le froid hivernal parisien !

Cette fois, j'écoute mon intuition et ma musique intérieure, en profondeur. Au cours de cette période clé, je prends conscience que, lorsque la raison seule dirigeait mon existence, je me perdais. Dès lors que j'écoute mes sensations, mon corps et mes intuitions, je tombe juste. Puis je redécouvre tout ce qui, enfant, me faisait vibrer : prêter attention à chacun, explorer, flâner, créer... Ma lumière enfouie se réveille. J'éprouve enfin une confiance absolue pour ce que je ressens.

Je reprends mes études pour exercer un métier qui me remplit de satisfaction jour après jour : coach. Aujourd'hui, 5 années après, je sais que c'était la bonne décision.

Steve Jobs ou l'art de la décision intuitive

Tout le monde ou presque lui reconnaît ce talent : Steve Jobs, le cofondateur d'Apple Inc., a fait corps avec la technologie, les clients et leurs besoins pour prendre quelques grandes décisions structurantes. Si Jobs est un entrepreneur accompli, il est aussi un inventeur intuitif. Souvent qualifié de visionnaire, il est notamment pionnier de l'ordinateur personnel, du baladeur numérique, du smartphone et de la tablette tactile.

Avec lui, nous sommes bien loin des études de marché à vocation prédictive et apparemment rationnelle. La vraie rationalité, celle qui accompagne efficacement l'intuition, était du côté de Jobs. Cette puissance dans la prise de décision l'a conduit à des investissements surprenants qui ont fait d'Apple une des entreprises les plus riches au monde.

Dès le début de sa carrière, il est littéralement obsédé par son intuition : le design est la clé de tout ! Il sent que la beauté et la simplicité seront les priorités absolues de demain. Bill Gates est né lui aussi en 1955 et a eu très tôt, comme Jobs, la certitude que tous les foyers seraient équipés d'un ordinateur. Tandis que l'un, intuitif, développe très vite des talents hors normes en termes de design et de marketing, l'autre est un homme d'affaires rationnel et avisé. L'intuition de Jobs défie le géant Microsoft sur son propre terrain. Gates déclarera à ce sujet : « J'ai vu Steve prendre des décisions fondées sur son instinct. Un instinct que j'ai beaucoup de mal à m'expliquer. Son mode opératoire est unique et, en un sens, magique. C'est pourquoi je me dis : waouh ! » Le sens du design de Jobs et ses aptitudes intuitives en général ont été grandement influencés par le bouddhisme qu'il a pratiqué en Inde lors d'un voyage spirituel de 7 mois.

Après une lutte de pouvoir avec le directeur général d'Apple, qu'il avait lui-même recruté, John Sculley, il est « viré » en 1985 et fonde une nouvelle société informatique : NeXT. Il dira à ce sujet : « C'est ainsi qu'à 30 ans, je me suis retrouvé sur le pavé… J'étais en miettes. » En 1986, il rachète la division graphique de Lucasfilm et la transforme en Pixar, rencontrant le succès commercial en 1995 avec *Toy Story*. Début 1997, Apple, alors au bord de la faillite, rachète NeXT pour un montant de 429 millions de dollars. L'opération permet à Steve Jobs de revenir à la tête de la firme qu'il a cofondée et fournit à Apple le code source de NeXTSTEP à partir duquel est développé le cœur du nouveau système de la marque.

Le biographe officiel du patron défunt, Walter Isaacson, évoque dans son livre éponyme *Steve Jobs*, paru fin 2011, l'intuition « extraordinaire » du chef d'entreprise. Il avait, selon lui, « le pouvoir de savoir ce que le public veut avant même que celui-ci en ait conscience ». En témoigne une anecdote parmi d'autres : en mettant au point l'iMac avec Jonny Ives, designer industriel britannique, ils ont l'audace de mettre une poignée dessus. C'était pourtant un ordinateur fait pour le bureau et non portatif. Toutefois, Steve Jobs avait senti que les gens voudraient « toucher » leur ordinateur, réaliser que cet objet est là pour eux, à leur service. C'est en poursuivant sur cette intuition qu'il mit au point l'iPhone !

À sa mort en octobre 2011, il est officiellement déclaré inventeur ou coïnventeur de 342 brevets technologiques américains : ordinateurs et appareils portables (dont les tactiles), haut-parleurs, claviers, adaptateurs électriques, coffrets, fermoirs, pochettes, cordons et emballages. La quasi-totalité de ces brevets concerne le design.

« Votre temps est limité, ne le gâchez pas en menant une existence qui n'est pas la vôtre. Ne soyez pas prisonnier des dogmes qui obligent à vivre en obéissant à la pensée d'autrui. Ne laissez pas le brouhaha extérieur étouffer votre voix intérieure. Ayez le courage de suivre votre cœur et votre intuition. L'un et l'autre savent ce que vous voulez réellement devenir. Le reste est secondaire », proclamait Steve Jobs.

LOI 4

Écoutez et utilisez vos émotions

Dépassez les automatismes

Pourquoi certains réussissent-ils mieux que d'autres, apparemment sans raison ? Pourquoi de brillants élèves échouent-ils dans leur vie professionnelle alors que certains cancres deviennent des leaders innovants ?

Au cœur de la problématique : la gestion de l'intelligence ou de la compétence émotionnelle, autrement dit la manière dont votre cerveau traite et utilise vos émotions.

Un sujet crucial, car le rôle principal des émotions est de nous faire changer de comportement, de dépasser les automatismes. Précédemment, nous avons pu constater que la peur nous permet parfois d'éviter un danger imminent. Maintenant, pensez à un enfant qui tombe en jouant. Il pleure quelques instants – il a eu peur –, et se remet très vite à jouer comme si rien ne s'était passé. Les émotions durent quelques secondes, quelques minutes ou quelques jours. Si l'une d'elles persiste, s'enracine dans votre esprit, vous n'êtes plus dans l'émotion elle-même mais dans l'histoire que vous créez autour de cette émotion. C'est ici qu'interviennent le processus cérébral et la gestion, plus ou moins positive pour votre avenir, de ce que vous avez ressenti et continuez de ressentir.

Explorons ensemble l'univers des émotions au service de notre changement.

L'intelligence émotionnelle au service de votre réussite

Il faut attendre les années 1990 et les travaux des universitaires américains Salovey et Mayer pour entendre parler d'intelligence émotionnelle. Ils la définissent alors comme : « L'habileté à percevoir et à exprimer les émotions, à comprendre et à raisonner avec les émotions. » L'intelligence émotionnelle redéfinit alors le concept même d'intelligence. Dans son ouvrage *Emotional Intelligence*, le psychologue américain Daniel Goleman met notamment en avant le fait que les personnes pourvues d'une grande intelligence émotionnelle peuvent être plus avantagées : performance professionnelle, réussite affective ou encore meilleure santé.

Mais en quoi l'intelligence émotionnelle peut-elle être le meilleur indicateur du succès dans la vie ? C'est Bar-On, directeur de l'Institut des intelligences appliquées du Danemark, qui utilise le premier la notion de « quotient émotionnel ». Le concept d'intelligence émotionnelle vient ainsi contrer une croyance bien ancrée définissant notre quotient intellectuel comme le meilleur indicateur de la réussite. En ce sens, il redonne une vague d'optimisme et de fraîcheur au concept même d'intelligence ! Son modèle définit une gamme de capacités émotionnelles comprenant notamment les capacités à être conscient de soi et des autres, à gérer son stress ou encore à s'adapter au changement.

Mais comment l'intelligence émotionnelle se développe-t-elle ? Je partage le point de vue qui consiste à penser qu'elle s'amplifie « avec le temps » et principalement grâce à la compréhension de nos expériences vécues. Si nous ne sommes pas tous égaux au départ, nous avons tous la chance et l'opportunité d'amplifier notre intelligence émotionnelle.

Je vous invite donc à accomplir un travail de réveil de votre intelligence émotionnelle. Le but est de vous aider à fortifier votre capacité de réflexion, indispensable à un changement juste et bénéfique.

L'EXERCICE POUR RÉVEILLER VOTRE INTELLIGENCE ÉMOTIONNELLE

L'idée centrale de cet exercice est de faire ressortir les émotions de votre interlocuteur et ainsi de comprendre la personne que vous avez en face de vous pour y voir plus clair. Cet entraînement se déroule en deux temps bien précis.

1. Au cours du premier temps, mettez-vous en mode « je ne juge pas » par votre parole, le ton de votre voix et votre attitude. Ce mode, vous devez l'appliquer envers votre interlocuteur et envers vous-même. Pourquoi cela est-il si important ? Le fait que votre parole soit neutre par rapport à vous-même se répercutera automatiquement sur les autres. Je sais que ce n'est pas facile, car notre société nous pousse à mettre des étiquettes quasi instantanément sur les gens que nous rencontrons. Toutefois, afin de ressentir les bienfaits de cet exercice, il est indispensable de l'appliquer à la lettre, quitte à vous forcer ! Ni votre attitude, ni votre parole, ni votre ton ne doivent agresser, critiquer ou juger.

2. La deuxième étape consiste à dialoguer avec une personne que vous croisez au cours de votre journée. Peu importe si vous la connaissez ou pas. Lors de cet échange, faites en sorte de dialoguer en prenant en compte ses émotions à elle. Comment sentir que vous êtes sur la bonne voie ? Votre interlocuteur doit devenir l'acteur principal de l'échange. Il doit avoir le premier rôle, ce qui lui donne un temps de parole et de mouvements plus important. Avoir le rôle principal, cela signifie que c'est lui la vedette ! À cet instant, prenez en compte ce que la personne ressent, de manière à enrichir le dialogue, à l'élever.

En cultivant ce type de dialogue, vous vous élevez vous-même. S'élever pour mieux voir, c'est ça l'idée centrale de l'exercice ! En entraînant votre quotient émotionnel, vous pourrez alors distinguer l'essentiel pour agir. Prenons l'exemple de la montgolfière qui s'élève pour mieux voir le lever du soleil. Cet engin volant est remarquable, car il permet une visibilité à 360°. Offrez-vous cette visibilité, vous n'en serez que plus clairvoyant.

NICOLAS ET SON RAPPORT DISTANCIÉ AVEC SES COLLABORATEURS

Nicolas, 45 ans, est chercheur en biologie. Il est chargé d'animer une équipe de dix chercheurs pour le compte d'une société pharmaceutique spécialisée dans la santé animale. Passionné par la compréhension du monde animal, Nicolas a grandi dans une ferme seul avec son père, vétérinaire de campagne, bienveillant mais très peu expressif. Il vient me trouver, car son équipe est au « bord de la crise de nerfs ». La moitié est sur le point de démissionner. Je lui demande : « Comment pouvez-vous l'expliquer ? » Il est confus, il cherche ses mots et semble analyser profondément ma question. Mais après 15 minutes, il m'avoue qu'il n'en comprend « absolument » pas les raisons.

Dans son récit, je comprends qu'il ne prend pas suffisamment le temps de considérer son équipe comme un ensemble de femmes et d'hommes au service de la réussite de son laboratoire. Paradoxalement, il aime me décrire son rapport exceptionnel aux animaux et sa difficulté à travailler avec les êtres humains. Je lui confirme qu'effectivement l'être humain, de par sa nature, est plus complexe et moins prévisible que l'animal. Je lui propose alors un exercice de jeu de rôle. Je prends son rôle de directeur de laboratoire et lui celui de mon employé, chercheur en biologie. Je lui propose de me décrire sa prochaine recherche. Pendant tout l'exercice, je fais exprès de ne m'intéresser qu'à l'aspect scientifique de sa recherche pour la société. Je le prends de haut. Je lui coupe la parole. Par moments, je le regarde à peine, observant ma montre, et j'affiche un air distant sur l'intérêt intellectuel de son travail. Nicolas finit par s'interrompre pour me dire, d'un ton énervé : « Cela vous intéresse ce que je dis ? » J'atteins un premier but, celui de la prise de conscience. Lui ne le sait pas encore. Je lui réponds : « Oui, d'ailleurs cela me fait penser à quelque chose », et je pars sur un monologue de plus de 10 minutes non-stop. Au bout d'un moment, il s'exclame : « Je vous paie pour m'aider monsieur, tout de même ! » Gagné ! Nous y sommes. Je lui indique que la frustration ressentie à cet instant précis doit probablement être celle ressentie par la plupart de ses collaborateurs. Légèrement offensé, il affirme qu'il a saisi, mais je le sens piqué au vif. À la fin de notre séance, il s'engage à demi-mot à donner à son interlocuteur le rôle principal lors d'un prochain échange.

Je le retrouve après un long voyage effectué avec son équipe en Angleterre. Il me raconte que, finalement, une seule personne de l'équipe a démissionné. Qu'il fait de gros efforts pour conserver son équipe en mettant en application ce type de dialogue, fondé sur le non-jugement et l'élévation du dialogue, avec ses collaborateurs. Il me décrit son équipe comme « plus soudée et impliquée ».

Se retrouver face à quelqu'un que l'on n'aime pas ou qui nous énerve est la meilleure façon d'apprendre sur soi-même.

Selon Daniel Ofman, expert en développement des personnes et des organisations, ce qui met en « allergie » chez les autres, par effet miroir, renvoie à une partie de soi que l'on n'a pas encore intégrée. C'est donc au travers des personnes qui nous sont le plus insupportables que nous avons la possibilité de voir quels défauts nous avons forcément en commun avec elles. C'est ainsi qu'on reproche souvent aux autres… ce qu'on se reproche à soi-même.

Observez qui sont les personnes que vous détestez, qui vous sont insupportables. Posez-vous les questions suivantes :

- Qu'est-ce qui me dérange le plus chez ces personnes ?
- Quel élément déclenche mon rejet de l'autre ?
- Qu'est-ce que cela indique sur ma propre personnalité ?
- À quoi cela me ramène ? Quel détail en moi pose problème ?

Comme Nicolas, vous pouvez trouver une solution, même quand tout vous semble perdu. Il est possible de travailler son intelligence émotionnelle par le coaching et nos expériences de vies. Muscler son quotient émotionnel permet en général de mieux faire face aux exigences et aux pressions de l'environnement.

Les cinq compétences essentielles pour développer son intelligence émotionnelle

Le psychologue américain Daniel Goleman les définit ainsi dans son livre *Emotional Intelligence*.

1. **La conscience de soi :** c'est notre capacité à reconnaître et à interpréter avec objectivité nos propres humeurs, nos émotions, nos moteurs internes, ainsi que leur effet sur les autres.
Les indicateurs ? Confiance en soi, sens critique et sens de l'humour d'autodérision.
2. **La maîtrise de soi :** c'est notre capacité à contrôler ou à rediriger nos pulsions et nos humeurs, et notre aptitude à prendre du recul et à réfléchir avant d'agir.
Les indicateurs ? Fiabilité, intégrité, ainsi que l'acceptation de l'ambiguïté et l'ouverture au changement.
3. **La motivation :** c'est un moteur qui vous pousse à poursuivre vos objectifs avec énergie et persévérance, au-delà de l'argent et du statut. Une vision de ce qui est important dans la vie comme le plaisir d'accomplir une tâche, la curiosité d'apprendre.
Les indicateurs ? Une forte envie d'accomplissement, de l'optimisme à l'épreuve des échecs et un engagement puissant.
4. **L'empathie :** c'est notre capacité à comprendre l'autre et sa structure émotionnelle. Notre habileté à nous adapter en fonction de ses réactions émotionnelles.

Les indicateurs ? La capacité à s'impliquer et à ressentir ce que les autres ressentent.

5. **Les aptitudes humaines :** c'est notre habileté dans la gestion des relations humaines et la construction de réseaux, ainsi que notre capacité à construire des liens solides. Les indicateurs ? Notre capacité à nous adapter au changement, notre pouvoir de persuasion, notre leadership.

Ainsi, un matin d'automne, je croise par hasard un ami d'enfance dans la rue. Julien était au collège avec moi, toujours premier de la classe pendant toute sa scolarité. Heureux de le retrouver après plus de vingt ans, je lui propose d'aller boire un café. Spontanément, il me raconte l'histoire de sa vie. Julien démarre une carrière de pilote dans l'aviation civile à 27 ans. Il est considéré comme l'un des pilotes les plus prometteurs de sa génération. Mais un soir d'été, il rentre chez lui après un voyage écourté pour raison météorologique. Il tombe nez à nez avec l'amant de sa femme. C'est un tsunami. Julien ne s'en remettra jamais. Il enchaîne dépression, faute professionnelle et licenciement. Je m'aperçois au cours de notre échange que le cuir de ses chaussures est troué. Julien m'avoue qu'il vit maintenant chez sa mère, faute de moyens.

Comment se fait-il qu'un homme doté d'une telle intelligence ait pu échouer au point de se retrouver à vivre chez sa mère ? Un choc émotionnel, une déficience dans l'intelligence émotionnelle qui vous empêche de bien réagir peut briser votre chemin de vie et révéler l'existence de problèmes psychologiques parfois enfouis. Julien s'est fait submerger par le tsunami émotionnel provoqué par la découverte que sa femme le trompait. Touché en plein cœur, son estime de lui s'est révélée trop faible pour remonter la pente.

Cet exemple nous démontre que l'intelligence émotionnelle et l'intelligence cognitive, liée elle à notre capacité à apprendre, mémoriser, raisonner, s'exprimer, contribuent autant l'une que l'autre à l'intelligence générale d'une personne. C'est pourquoi exprimer nos émotions avec intelligence est un atout clé dans la réussite de notre changement.

Il est temps d'aborder le concept de la résilience émotionnelle.

La résilience émotionnelle au service de vos émotions

La résilience définit la capacité de l'individu à faire face aux sollicitations émotionnelles de la vie de façon non seulement efficace, mais aussi susceptible d'engendrer une meilleure capacité de réagir plus tard à un obstacle. En physique, elle désigne la capacité de notre corps à résister aux pressions externes et à reprendre sa structure initiale. En psychologie, c'est notre habilité à rebondir ou celle à survivre à des épreuves. Autrement dit, c'est notre capacité à vivre, à réussir, à nous développer en dépit de l'adversité. On est capable de se reconstruire et de s'épanouir en surmontant un choc traumatique grave. Notre souffrance se transforme en rage de vivre !

Le mot résilience vient du latin *resilio* : ressauter. L'idée n'est donc pas de ressauter à la même place, comme si rien ne s'était passé, mais de ressauter légèrement à côté pour continuer d'avancer. Pour l'ethnologue et neuropsychiatre Boris Cyrulnik, qui a été le premier en France à s'atteler à l'explication de ce processus, même dans les cas les plus terribles, les personnes peuvent s'en sortir et reprendre le cours de leur vie, même si certains s'en tirent mieux que d'autres.

Cette résilience renvoie à votre capacité à faire face, plus ou moins bien, aux sollicitations émotionnelles de la vie. Pour être pleinement résilient, il faut bien entendu vous faire confiance et considérer les deux axes suivants : ne refoulez rien et utilisez votre modérateur intérieur.

1. Ne refoulez pas vos émotions !

Que les émotions naissent en vous en tant que telles ou que vous les décodiez à partir des symptômes physiologiques qui se manifestent dans votre corps, l'essentiel est d'avoir la possibilité de les écouter : est-ce la peur, la joie, la jalousie, la rivalité ?

Parce qu'elles sont vivantes, accueillez vos émotions sans les bloquer. Ne les refoulez pas. Elles sont porteuses d'énergie et si vous les « retenez » excessivement, cette énergie va stagner en vous, créer des tensions physiques et parasiter votre système nerveux. L'acceptation des émotions est très importante : une étude scandinave a montré récemment qu'une personne déconnectée de ses sentiments vivait en moyenne 5 ans de moins que les autres ! En exprimant vos sentiments, vous laissez vos émotions vivre sans détour, sans agression ni manipulation. C'est ainsi qu'agit le personnel humanitaire dont l'attitude est dans ce cas précis un mécanisme de défense. Le contexte actuel, agité par les actes terroristes, incite au repli. Pourtant, nous gagnerons à exprimer nos émotions face à cette barbarie (en en parlant en famille, en s'impliquant dans une association ou tout simplement en se recueillant).

2. Utilisez votre modérateur intérieur

Ce modérateur correspond à votre faculté de « digérer » les événements de la vie, y compris les plus traumatisants, de manière à retrouver en permanence un sentiment d'équilibre et de bien-être intérieur, indépendamment des circonstances externes.

Vous êtes le seul à pouvoir le faire. Ce modérateur présente l'avantage de réguler vos émotions et d'éviter le « crash émotionnel ». Un ami, un thérapeute ou un coach peuvent vous guider, mais c'est à vous seul de décider d'avancer ou de vous laisser submerger par vos émotions. Quoi qu'il en soit, cette personne doit manifester de l'empathie, de la patience, de l'humilité et s'intéresser prioritairement aux côtés positifs de votre personne.

Des outils existent, à vous de choisir : l'introspection (pour mieux vous connaître et anticiper vos réactions), la méditation ou pour certains la prière. À vous de créer un rituel adapté en définissant votre propre routine. C'est par l'acte de répétition que vous renforcerez votre modérateur intérieur, source de bien-être.

Transformez vos émotions en réactions réfléchies

Parce que 80 % de ce que l'on exprime vient de la communication non verbale (silences, gestes, postures, expressions faciales, ton de la voix), le non-verbal crédibilise votre message et vos actions lorsqu'il est adapté. Ignorer l'importance du langage non verbal, c'est prendre le risque de laisser à votre interlocuteur le sentiment que vous manquez de charisme.

Être attentif aux messages non verbaux envoyés par votre interlocuteur joue également sur votre comportement et vos réactions. Ainsi, vous pouvez identifier, au travers des non-dits, une attitude colérique ou un tempérament serein.

L'objectif ici est de prendre du recul sur nos réactions, de manière à établir un lien direct entre nos émotions et nos réactions. Avoir de plus en plus conscience de nos émotions nous aide à gérer intelligemment nos réactions et celles des autres.

Tout du long de notre journée, nous faisons face à une multitude de messages. Prenez en compte les messages verbaux et non verbaux de vos interlocuteurs. En étant plus vigilant à ces indicateurs, vous gagnerez en intelligence émotionnelle : la clé essentielle d'un changement favorable et inspirant dans votre vie. Prenons un exemple. Dans votre entreprise, vous constatez des écarts importants entre les messages émotionnels verbaux et ceux non verbaux d'un membre de votre équipe : voilà une excellente occasion d'avoir une discussion avec cette personne et de créer un lien plus fort avec elle ! Le premier pas sera alors de lui demander ce que vous pourriez faire pour améliorer, par exemple, sa vie au travail et indirectement sa performance.

Visualisez aussi un moment où vous estimez que votre réaction était totalement inappropriée. Soyez le plus précis possible dans votre analyse. Vous ne voyez pas ? Pour vous aider, je vous encourage à prendre un événement où le niveau de votre émotion était à 110 %, c'est-à-dire un moment où vous savez, au fond de vous-même, que vous avez eu tort de réagir de cette manière. Une fois la scène revécue, répondez simplement à ces trois questions.

- Question 1 : Comment mon corps s'est-il exprimé, quels ont été mes gestes, ma posture ?
- Question 2 : Quelles pensées ai-je eues à cet instant précis ?
- Question 3 : Quels messages (verbaux ou non verbaux) la personne en face de moi a-t-elle émis sur le moment ?

Une fois que vous avez répondu à ces trois questions, poursuivez en trouvant les réponses aux deux questions suivantes, mais le plus spontanément possible :

- Comment réagiriez-vous maintenant, avec la distance que vous avez prise depuis cet événement ?
- Qu'est-ce que cela pourrait concrètement changer dans votre vie, en particulier sur le plan émotionnel ?

Je précise qu'à travers ces interrogations, il ne s'agit pas d'agir autrement, mais de faire fonctionner votre cerveau de manière différente, de vous mettre à la place de la personne en face de vous ! Nous réagissons tous de différentes façons aux expériences émotionnelles, mais la compréhension de vos propres réactions peut vous fournir des indices concernant les réactions d'autres personnes dans des situations semblables : savoir dire non, s'adapter, raisonner ou encore mieux écouter.

PATRICK ET SON LICENCIEMENT MAL DIGÉRÉ

Âgé de 35 ans, Patrick est l'assistant du directeur général d'un groupe industriel. Il a toujours été performant et apprécié par ses collaborateurs. Un jour pourtant, il est convoqué dans le bureau de son responsable qui lui assène, après quelques minutes, qu'il est licencié. Cela fait 3 ans maintenant qu'il est au chômage, il n'en peut plus de cette situation.

Je lui demande comment son corps s'est exprimé lorsque son patron lui a appris son licenciement. Il me dit qu'il s'est emparé alors violemment de son téléphone portable et l'a projeté sur le mur. Les éclats du téléphone sont venus atterrir sur le visage de son patron. Je lui demande :

« À quoi avez-vous pensé à cet instant-là ?

— À disparaître, me répond-il instantanément.

— Comment a réagi votre directeur ?

— Il est resté muet, j'ai vu de la peur dans ses yeux. Mon patron est un “type introverti”.

— Comment réagit une personne introvertie, en général ?

— Elle est “secrète”. »

Je lui explique alors que l'introversion est une forme de tempérament qui n'est ni synonyme de timidité ni de réserve. Il s'agit simplement de la façon dont on oriente son énergie. Il m'explique qu'effectivement, les neuf derniers mois passés à son travail, il ne prenait plus le temps d'échanger avec son patron et profitait de ses moments de pause pour se distraire avec ses collègues. Deux conséquences de ce déficit d'intelligence émotionnelle pour Patrick : la première, c'est d'avoir été licencié sur-le-champ sans indemnités pour faute lourde. La seconde, c'est d'être encore au chômage trois ans après ce licenciement. Patrick a tout intériorisé en refoulant cet « incident ». Submergé et incapable de trouver un travail, il s'en veut et reste figé sur cet événement avec son patron. Malgré tout, sa colère le ronge. Je lui demande alors :

« Comment auriez-vous pu réagir, sachant que votre patron est un introverti ?

— En prenant le temps de le comprendre avant de m'emporter. »

Je l'amène à comprendre que son changement d'attitude, qui consiste à comprendre l'autre, peut lui être utile dans l'avenir. C'est aussi un moyen de transformer sa colère en énergie positive. Il ne s'agit pas de gommer la colère, mais d'en faire un atout pour se mettre dans cette fameuse dynamique positive, indispensable à tout changement. Quelques mois après, Patrick décide de se lancer avec enthousiasme dans la création d'une entreprise avec un ancien collègue.

Au sein de la palette des émotions, la colère est certainement la plus complexe. Si la colère existe, c'est qu'elle a son utilité, même si parfois certaines de ses manifestations sont néfastes. Canalisée, elle est avant tout une source d'énergie pour se lancer dans l'action, changer les choses et se faire respecter.

Voici deux clés pour transformer votre colère en énergie positive :

1. Levez les yeux pour vous aider à vous connecter au cerveau cortical, siège de l'intelligence, de la raison et de la réflexion humaine. C'est le plus aménageable, le plus convertible, le plus corrigible et modifiable des étages cérébraux. Cette action vous permet de prendre de la distance vis-à-vis de vos pulsions situées dans le cerveau limbique, où siègent vos émotions.
2. Obligez-vous à changer immédiatement de mode de pensée, faites diversion avec un autre sujet mental.

Répétez-le jusqu'à ce que votre cerveau finisse par lâcher prise.

Afin de ne pas contrer un coléreux, voici une anecdote éclairante du psychiatre américain Milton Erickson. Un jour, il manque de se faire renverser dans la rue par un piéton pressé, qui aussitôt l'invective : « Vous ne pouvez pas faire attention, mais que faites-vous là ? » L'homme est ivre de rage. Erickson, imperturbable, lui répond : « Au fait, quelle heure est-il ? » Le coléreux, surpris, regarde sa montre et lui donne l'heure. Erickson le remercie et s'éloigne. Cette histoire nous livre une méthode infaillible pour désarçonner le colérique : l'obliger quelques secondes à se détourner, à décentrer sa pensée ; aussitôt, la colère est privée de substance, elle ne reviendra pas. Essayez !

L'empathie et le risque de contagion émotionnelle

L'empathie est la compréhension des sentiments et des émotions d'un autre individu. Une personne empathique se met pleinement à la place de celui ou celle pour lequel elle ressent de l'empathie. De nombreux métiers sollicitent ainsi une charge émotionnelle quotidienne puissante : gardien de prison, policier, enseignant, officier du culte, personnel de santé, thérapeute, personnel de justice entre autres sont exposés à des situations de grande détresse. Ils doivent gérer en permanence le souci de la contagion émotionnelle. Malheureusement, certains sont absorbés par cette charge émotionnelle et leur vie personnelle peut en pâtir. Comment faire pour ne pas être victime de ce que j'appelle la contagion émotionnelle ?

La dissociation émotionnelle est la clé. On peut la décrire comme une « coupure » se manifestant par un processus de mise à distance de ce que l'on redoute. Ce processus, qui s'oppose à l'empathie, constitue alors une parade utile voire indispensable à la contagion émotionnelle. Il consiste à s'extraire avec un détachement puissant de toute considération passionnelle, d'une réaction fusionnelle avec la personne que vous aidez. C'est essentiel dans un métier à forte intensité émotionnelle. En l'absence de régulation de votre degré d'empathie, la contagion émotionnelle s'installe et vous vous laissez happer par les émotions d'autrui. Vous fusionnez avec l'autre. Le processus de projection se met en place et vient biaiser votre capacité de détachement et de discernement. Il n'est alors plus possible de se représenter distinctement les intentions et les ressentis de l'autre.

LUCIE ET SA RESPONSABLE « ÉGOÏSTE »

Lucie est aide-soignante. Empathique à l'excès, elle me dit qu'elle tombe dans le piège de s'oublier elle-même au point de se laisser guider par les choix des autres. Elle déteste sa responsable, la directrice des soins qui, selon elle, est « égoïste ». Je lui pose alors la question :

« Qu'est-ce qui, selon vous, a fait qu'elle a réussi sa carrière ? »

Silence. Puis : « Peut-être son égoïsme en effet. »

« Le comportement de votre responsable lui a permis quoi ?

— Certainement d'être focalisée sur l'essentiel. »

Lucie me décrit, au travers d'événements, que sa responsable arrivée après elle ne se laisse pas submerger ou guider par les autres. Elle admet également que, depuis son arrivée, la qualité des soins de la clinique s'est améliorée.

Se retrouver face à quelqu'un que l'on n'aime pas ou qui nous énerve est la meilleure façon d'apprendre sur soi-même.

Si vous voulez devenir pleinement et totalement la personne que vous êtes, alors acceptez vos qualités les moins attirantes.

Comme le dit justement le conférencier et écrivain Deepak Chopra : « Vous ne pouvez être courageux si vous n'abritez pas en vous un lâche. Vous ne pouvez être généreux sans avoir un côté avare. Vous ne pouvez être vertueux sans avoir la capacité de faire le mal. »

Comment faire pour éviter la contagion émotionnelle ? Jusqu'où pouvez-vous tenir pour préserver votre bien-être mental ?

Commencez par vous fixer des limites, des délais. Décidez de temporiser avec ceux qui peuvent vous décourager : ne restez pas là à les écouter parler pendant des heures quand vous ressentez que vous êtes envahi par leurs émotions. Expliquez simplement à votre interlocuteur qu'il doit respecter votre mode de fonctionnement et vos silences qui vous sont nécessaires pour vous ressourcer. Dès lors que la contagion émotionnelle est contenue à sa juste mesure, vous sauvegardez votre discernement et votre sérénité. Cette contagion « positive » a pour effet de détendre également vos interlocuteurs. Tout le monde en bénéficie !

Une autre manière de contenir ses émotions est de transformer une situation émotionnelle en curiosité. Mettez-vous dans une logique d'investigation face à votre interlocuteur. En prenant la posture d'un chercheur, vous transposez votre émotivité en appétence. La curiosité intellectuelle se substitue alors à l'émotion primitive. Elle est une qualité qui stimule notre soif de savoir, de connaître, d'observer. Elle nous fait renouer avec l'explorateur qui sommeille en chacun de nous. Elle développe notre capacité d'analyse et diminue les jugements hâtifs, ouvre aux opportunités et libère l'autodidacte qui sommeille en nous.

LUC ET SA DÉFICIENCE D'EMPATHIE

Luc a 40 ans. Il dirige depuis un an la pâtisserie familiale qui emploie six personnes, dans le centre de Lyon. Sa qualité fondamentale : le courage. Poussée à l'extrême, elle se transforme en exigence et en colère à l'égard de son personnel. Deux de ses employés songent à lui intenter un procès pour harcèlement lorsqu'il vient me consulter. Il admet son incapacité à créer une dynamique d'équipe, mais ne comprend pas le comportement des gens. Ils ont « tout pour eux » et se plaignent constamment.

« C'est quoi, tout pour vous, Luc ?

— Un travail stable dans une maison qui marche bien.

— Pourquoi marche-t-elle aussi bien ?

— La qualité de nos créations est irréprochable.

— Qui participe à cette qualité ?

— J'ai des personnes très compétentes.

— Vous leur avez dit ça, Luc ?

— Non, en effet.

— Comment communiquez-vous avec eux ?

— Ils se gèrent très bien, à part quand ils se plaignent.

— En quoi les écouter pourrait, selon vous, améliorer la dynamique de l'équipe ? »

Luc reste impassible. Je lui explique que nous avons tous besoin d'être reconnus dans ce que nous faisons. Ce besoin est fondamental et commence dès notre naissance. C'est grâce à cette reconnaissance que l'enfant va pouvoir construire l'estime de soi. Je lui explique qu'à n'importe quel âge, on peut appuyer ce sentiment de reconnaissance pour faire progresser ceux qui comptent pour nous. Luc acquiesce par un mouvement de tête. Je lui suggère, avec son accord, l'action suivante : aménager une réunion individuelle hebdomadaire de 10 minutes pour demander à chacun d'exprimer ce qu'il ressent, pour commencer. Je lui explique que cet exercice requiert de la curiosité intellectuelle et une forte attention à l'autre. Enfin, je lui demande de veiller à terminer cet échange sur une note positive en précisant à chaque collaborateur à quel point son travail – en prenant un exemple précis pour chacun – est apprécié et important pour la maison. Luc accepte sans le savoir de faire un premier pas vers l'empathie.

L'important dans l'empathie est de faire comprendre à l'autre que l'on comprend son émotion. Le psychologue humaniste américain Carl Rogers associe l'empathie à une reformulation des sentiments d'autrui, exprimée de façon verbale ou non verbale (gestes, attitudes). Certains sont naturellement empathiques, d'autres beaucoup moins. Pourtant, en développant l'empathie, vous améliorerez non seulement la qualité de vos relations sociales mais également, par votre capacité à mieux ressentir vos émotions, des zones de votre personnalité encore inexplorées !

Nous avons les commandes de notre bonheur

Le bonheur n'est pas une émotion comme les autres. Il fait partie du monde de l'émotion : c'est une sensation. Ainsi il agit sur les caractères, sur l'humeur, sur une personnalité. La psychologie positive dénomme le bonheur en tant que « bien-être subjectif ». Si je vous pose la question « Êtes-vous heureux ? », vous aurez probablement du mal à me répondre spontanément, car le bonheur est à la fois intime et abstrait.

Le bonheur est donc un état subjectif qui se distingue du plaisir et de la joie, qui sont des émotions éphémères et toujours liées à un objet particulier ou à une personne appréciée.

La plupart des philosophies antiques font du bonheur le but même de l'existence humaine. Toutefois, aussi paradoxal que cela puisse paraître, le bonheur peut cohabiter avec l'imperfection, l'inconfort et la souffrance parce que le bonheur ne se trouve pas dans un monde idéal. Il est inatteignable quand nous le cherchons dans l'absolu, mais juste à nos côtés quand nous arrivons à vivre le moment présent en pleine conscience. Cette capacité à être pleinement conscient nous permet d'utiliser notre mental de façon créative et utile, en laissant nos pensées parasites s'éloigner. C'est dans le présent que se trouve notre force de penser et d'agir ; ce que j'aime définir alors comme notre aptitude à prendre les commandes de nos « instants de bonheur ».

Ces instants de bonheur peuvent être de courte ou de longue durée. Certains sont déclenchés lorsque nous satisfaisons une envie ou que nous comblons un manque criant. Par exemple, plus rien ne compte que de dormir lorsque nous sommes épuisés : le bonheur, dans ce cas-là, c'est un bon lit chaud. De même, étancher une grande soif avec une eau fraîche fait vivre un instant de bonheur comme être enfin dans les bras de la personne que l'on aime après une longue séparation.

Cet état de bonheur, il faut aller le chercher. Comme l'écrivait le poète Nicolas de Chamfort dans ses *Maximes* : « Vous êtes maître de votre propre bonheur. Il est très difficile de trouver le bonheur en soi et impossible de le trouver ailleurs. »

Je pense pour ma part qu'un moment de bonheur est propre à soi-même. Le même événement ne sera en effet pas défini, apprécié, pris de la même façon par une autre personne.

Comparons une personne qui a vécu la moitié de sa vie dans la pauvreté et une personne millionnaire qui a toujours obtenu tout ce qu'elle voulait. Le bonheur de manger un bon bœuf bourguignon ne sera pas pour le pauvre à la même échelle que celui qu'éprouvera le millionnaire en pareil cas. On peut dire alors que le milieu social et les conditions de vie jouent beaucoup sur notre façon d'apprécier les choses. Peu importent les belles villas, les voitures rutilantes ou les revenus exorbitants... Malgré sa fortune, Bill Gates n'est pas forcément plus heureux que nous. Une étude menée en France auprès de gagnants à la loterie démontre même que les heureux gagnants, même s'ils se sont adaptés à leur nouvelle fortune, ne sont plus satisfaits par les petits plaisirs qui autrefois les comblaient : voir des amis, sortir ou encore se promener.

On remarque aussi que moins nous avons d'instants de bonheur dans notre vie et plus nous les apprécions quand ils sont là. Plus fort a été notre malheur, plus fort sera notre bonheur ! Les gens malheureux sont nostalgiques du passé ou craintifs face à l'avenir, tandis que les gens heureux ont le sens du « ici-maintenant ». Car au fond, le bonheur, c'est prendre conscience que le malheur n'est pas fait pour durer. Ainsi, « un homme heureux » se dit d'une personne portée à l'optimisme. Le bonheur, ce ne serait rien d'autre qu'une façon responsable de gérer ses émotions. Comme le pensait le philosophe Sénèque : « Rien ne nous est plus utile que de vivre tranquille, de parler peu avec les autres et beaucoup avec nous-mêmes. »

Pour peu que l'on sache en profiter… Mais comment ressentir pleinement un instant de bonheur ?

L'EXERCICE DU BONHEUR

Le prérequis de cet exercice est de lâcher prise et d'apprécier le moment présent. Ne cherchez pas à résister ni à tenter de contrôler votre environnement.

Regardez autour de vous. Observez les couleurs. Soyez conscient de la présence de chaque chose. Écoutez les bruits. Regardez les visages sans juger. Entendez le silence qui les anime.

Observez maintenant lentement le rythme de votre respiration. Sentez l'air qui entre et qui sort de vos poumons. Ressentez l'énergie vitale qui circule dans votre corps…

Vous venez alors de créer, de manière responsable, un instant de bonheur !

Nous avons l'habitude de refouler tout ce qui n'est pas en rapport avec l'image que nous souhaitons véhiculer. Toutefois, cette attitude crée davantage de perturbations qu'elle n'apporte de réelles solutions.

Notre rapport au monde est relié à notre histoire. Tout nous rappelle quelque chose, même si nous voulons l'oublier. Si nous laissons nos émotions s'exprimer, nous acceptons d'être honnête envers nous-même.

Savoir naviguer avec nos émotions, c'est nous donner la chance qu'elles nous transportent vers les plus hauts sommets de notre changement.

PORTRAITS CROISÉS

Marc : derrière l'invulnérabilité, un homme qui s'est oublié

C'est l'histoire d'une renaissance. Celle de Marc, 42 ans. Lorsqu'il vient me voir, il a un regard triste et son allure me fait penser à celle d'un boxeur qui vient juste de perdre un combat. Il me confie que son état de santé est mauvais et qu'il souffre depuis peu de puissantes douleurs lombaires. Je lui indique que derrière tout problème de santé, il y a souvent des ancrages négatifs émotionnels. C'est pour cette raison que je lui enjoins dans un premier temps de retracer son parcours. J'écoute attentivement son histoire pour aller chercher, grâce à des questions ciblées, les blessures, et principalement celles qui n'ont pas été digérées.

Six mois avant, Marc était encore le roi de l'immobilier parisien haut de gamme. Comment, en l'espace de six mois, cet homme qui vendait des biens d'exception est-il passé de sa résidence de l'avenue Foch à un lit du Secours populaire ?

Les premiers mots de Marc sont constamment reliés à l'échec. Il me raconte que sa femme l'a quitté et que depuis qu'il est ruiné, ses amis lui tournent désormais le dos. Il me décrit à quel point il se sentait encore, il y a peu, indestructible. Il voulait ressembler à son beau-père, ex-magnat de l'immobilier. Il voulait l'imiter et même le dépasser et, en même temps, il s'était lancé dans une course à l'abîme, contre les autres et surtout lui-même ; il n'avait de cesse de dominer les autres par le biais d'un fantasme classique : la réussite financière à tout prix.

Mais la machine névrotique s'est emballée. Marc n'a pas su anticiper l'impact du ralentissement économique et a malgré tout maintenu des dépenses disproportionnées. En six mois, il a été contraint de liquider judiciairement sa société.

Assommé, Marc est gagné par cette forme particulière de tristesse qu'on appelle la déception. Je lui indique l'importance de prendre le temps de digérer ce qui lui est arrivé. Contrairement à la colère qu'il est souvent nécessaire de canaliser, la déception est une émotion qu'il faut éprouver intensément. Je lui explique que les enfants ont cette aptitude de pleurer parfois jusqu'à l'épuisement, puis de passer entièrement à autre chose alors que pour nous, adultes, le temps de la digestion est plus long. Je lui demande de prendre le temps de vivre pleinement cette déception, sans tenter de changer quoi que ce soit dans un premier temps. Au fil de notre entretien, il m'énonce ses pensées et se saborde par des paroles négatives et des pensées dévalorisantes. Sa douleur dorsale atteint alors son apogée en pleine séance. J'interromps volontairement la séance et lui demande de réaliser un seul exercice pour notre prochaine rencontre : réfléchir aux raisons de son mal.

Lors de notre deuxième entretien, je sens que Marc commence à comprendre que ses pensées sont épuisantes et autodestructrices, son corps en est d'ailleurs la première victime. J'insiste sur cette notion de changement et l'importance d'agir en conséquence : « Votre corps vous a dit : "Cela n'a pas de sens de continuer comme ça, ce n'est pas viable" ! » Je lui demande de construire la première étape d'un nouveau projet cohérent, stimulant, en adéquation avec ses talents, mais également de préparer un plan B.

Peu à peu, Marc définit son projet : créer une petite agence immobilière dans le sud de la France, et son plan B : redevenir agent immobilier dans le Sud. Je lui explique l'importance d'avoir un bon rapport à lui-même pour l'amener naturellement à faire des choix qui, cette fois, lui correspondent pleinement. Pour qu'il se respecte dans ses décisions. Marc retrouve peu à peu sa joie de vivre en allant habiter chez sa sœur. Soutenu financièrement par sa famille, il recrée une petite agence immobilière, non pas dans le Sud mais à Fontainebleau, dans un esprit différent que je qualifierais de familial et d'humble. Il retrouve sa zone de confort, et ce sourire que je n'avais pas encore vu. Je lui indique que c'est ce cheminement de vie qui va le conduire directement à plus de bien-être et de stabilité. Il comprend alors qu'il s'était menti à lui-même en vivant dans le déni. Un déni émotionnel qu'il a entretenu pour se donner cette illusion d'invulnérabilité. Incapable de voir la réalité, il sortait chaque soir en se noyant dans l'alcool et autres substances, pour éviter de faire face à son extrême souffrance. Il me confie en partant qu'il se sent « l'homme le plus heureux du monde ».

Quand tout va mal, le temps et l'espace sont nécessaires pour dépasser la déception. Pour accepter ce qui s'est réellement passé et que l'on ne pourra rien y changer.

Comment savoir que le temps du changement est venu ? Quand vous comprenez que ça ne sert plus à rien de continuer à revenir sur le passé.

Et pourquoi est-ce si dur de passer à autre chose ? Parce que nous focalisons notre attention sur ce qui nous a échappé et pas suffisamment sur notre capacité à rebondir en visualisant notre réussite future.

Enfin, pourquoi un plan B ? Malgré les apparences, le plan B est en soi un plan porteur d'espoir. Ainsi, quand je prépare une personne à un objectif, si je ne mets pas en place une soupape de sécurité, la personne peut être terriblement atteinte dans son estime de soi en cas d'échec. La soupape de sécurité consiste à l'amener à avoir une représentation claire de ce qui va se passer pour elle si elle n'atteint pas son objectif : c'est le plan B, une deuxième stratégie, un parachute. Il ne démotive en rien l'individu, mais le rend plus conscient de ce qu'il a à faire, le sécurise et évite les stratégies de sabotage.

Charles Chaplin : les émotions érigées en art

On ne naît pas forcément artiste ou créateur. D'ailleurs, créer n'est jamais anodin, c'est apprendre à savoir qui l'on est. Charlie Chaplin en est un bel exemple. Il est devenu artiste à la suite d'un parcours de vie difficile. Derrière le personnage qu'il s'est construit, derrière ses grosses chaussures, sa canne et sa veste poussiéreuse, il y a sa propre histoire.

Né à Londres, Chaplin a grandi dans la misère financière mais aussi affective. Son père est absent et sa mère continuellement accaparée par les difficultés financières. Le couple s'est séparé deux ans après sa naissance. Alors qu'il a 14 ans, sa mère est internée à l'hôpital psychiatrique.

L'humour apparaît alors pour lui comme une défense. Comme il le dit lui-même : « L'humour renforce notre instinct de survie et sauvegarde notre santé. » Avec son frère, Chaplin passe la plupart de son enfance dans des maisons d'accueil pour jeunes démunis, car déjà sa mère ne parvient plus à s'en occuper. C'est à 9 ans qu'il décide d'intégrer une troupe d'enfants danseurs de claquettes. Rapidement, Chaplin brille par sa capacité à créer des imitations de personnages célèbres. Cet instinct de survie, il le renforce par sa capacité à transmettre ses émotions. Au travers de ses représentations, l'humour lui permet de présenter une situation vécue souvent de façon traumatisante de manière à en dégager les aspects plaisants, ironiques et insolites. Sa force intérieure, sa persévérance et sa créativité burlesque le conduisent à l'âge de 28 ans à créer son propre studio de cinéma. Il donnera alors naissance à de nombreux chefs-d'œuvre : *L'Émigrant, Charlot soldat, Le Kid, Le Dictateur* ou *La Ruée vers l'or*.

C'est seulement lorsque l'humour est appliqué à soi-même qu'il peut être considéré comme un mécanisme de défense. Et ça, Chaplin l'avait assimilé, avec une intelligence émotionnelle hors du commun ! Pour beaucoup, sans Charlie Chaplin, le cinéma n'aurait pas été le même. Son humour parlait d'humanité et il était parfois mêlé à la tragédie, mais toujours en nous décrochant un sourire. Dans le fond, il démontrait ce qu'il était en réalité : un homme qui a su s'inventer en utilisant ses émotions au service de son art. Chaplin était un artisan des émotions.

LOI 5

Apprivoisez votre ego

Arrêtez de vous mentir

Consciemment ou inconsciemment, on se ment à soi-même sur ce qu'on est réellement. Or c'est un piège absolu.

Nous pouvons tenter de nous mentir à nous-mêmes, mais il y a toujours une partie de nous qui sait que nous nous mentons : notre corps. Lorsque nous sommes enfermés dans le mensonge, il nous adresse des signaux nous informant qu'un temps de sincérité avec soi serait approprié pour notre santé.

Si nous refusons ces signes, nous pouvons avoir l'impression que notre corps est notre ennemi. Nous sommes aveuglés. Malheureusement pour notre ego mais fort heureusement pour nous, notre corps vient toujours nous rappeler que nous sommes dans la mauvaise direction. Car en apprenant à l'écouter, il nous guide vers l'authenticité.

Dans ce chapitre, je vous donnerai les clés nécessaires pour vous concentrer sur votre personnalité, en oubliant ce que vous croyez être et la prise en considération de l'opinion d'autrui. C'est en effet indispensable pour prendre les bonnes décisions. Car une mécanique de l'ego, quand elle n'est pas contrôlée, peut être destructrice. Ce que je vous propose, c'est d'identifier les indices d'un ego néfaste et trop prononcé, afin de pouvoir gommer ses manifestations et ainsi favoriser votre dynamique de changement.

Le psychosociologue et écrivain Jacques Salomé a dit : « Si je ne peux changer une situation, je peux en changer le sens. »

En décelant votre « zone de réalisation », l'endroit dans lequel vous pouvez exprimer vos qualités sans fatigue, vous apprendrez à faire de votre ego un allié puissant. La reconnaissance de vos talents par autrui évite la frustration et favorise votre épanouissement. Vous êtes dans votre zone de réalisation, celle qui vous apporte la fierté et ce sentiment profond d'être reconnu à votre juste valeur.

Ce que votre ego dit de vous

Ego en latin signifie « moi ». C'est le nom donné au moi conçu comme « sujet personnel ». Le rappeler pose une question centrale : si l'ego c'est moi, existe-t-il un moi dont je devrais me libérer pour être pleinement épanoui ?

La réponse est oui ! Il est nécessaire de s'éloigner de notre ego quand il nous coupe de notre nature profonde. C'est l'exemple de Victor, un acteur français de 44 ans, qui me rencontre car « il se sent lâché par ses proches ». En réalité, je m'aperçois au fil de son discours que son succès fulgurant lui a fait perdre tout lien avec son identité et ses valeurs. Au fil de son ascension, il est devenu une autre personne : arrogante, autoritaire et superficielle. Je souhaite qu'il prenne du recul et lui soumets une question à poser à l'un ou à plusieurs de ses proches : « Qu'appréciez-vous le plus chez moi ? » La réponse de son meilleur ami l'éclaire : « Depuis ton succès, tu es devenu un autre, narcissique et parfois blessant à mon égard. Tu refuses de me voir et tu sembles avoir oublié ce que tu voulais depuis toujours : fonder une famille et t'installer dans le Sud auprès de ta mère. »

Se couper de notre essence nous amène à devenir la marionnette de notre ego. Nous vivons alors dans un monde rempli d'illusions.

Comment éviter ce piège qui vous fait prendre une série de décisions contre (votre) nature, souvent contreproductives ?

Comment faire en sorte que votre ego devienne un outil puissant au service de votre épanouissement ?

Il faut commencer par bâtir des fondations intérieures solides en faisant preuve d'amour envers soi-même. À ce sujet, l'écrivain irlandais Joseph Murphy écrit : « Le monde ne vous donnera jamais que la valeur que vous donnez de vous-même. » L'amour de soi dépend en effet de la manière dont vous prenez soin de vous. Nous allons donc nous intéresser à vous-même.

Redonnez à votre ego sa juste place

Fierté déplacée, confiance en soi outrancière, absence de remises en question : l'ego surdimensionné est l'une des dispositions psychologiques les plus perverses quand il s'agit d'atteindre un équilibre de vie. Toutefois, ce petit démon a des qualités puisqu'il vous pousse également à ne pas vous contenter de vos succès, à refuser la satisfaction personnelle immédiate et à vouloir aller toujours plus loin. Comment savoir si votre ego est à sa juste place ?

Visualisez deux verres : l'un est rempli d'un liquide rouge, l'autre d'un liquide bleu. Ces verres vont vous aider à remplir la carafe de votre ego.

Le verre rouge représente l'« extérieur », il symbolise l'amour positif que les autres vous renvoient. Le verre bleu représente l'« intérieur », le regard positif que vous avez sur vous-même.

Au début du développement psychique, nous intégrons ce que nous ressentons de la part de nos parents. Si nous percevons un regard aimant et valorisant, nous assimilons progressivement que nous sommes aimables et capables – il s'agit, à ce stade, uniquement du verre rouge extérieur. Petit à petit, fort de cette base, nous avons moins peur de réaliser nos propres expériences loin du regard de nos parents. Nous analysons nos expériences en fonction de ce que nous ressentons (c'est bon ou pas) et des valeurs éducatives que nous avons intégrées (c'est bien ou pas). Notre verre bleu se remplit, il nous procure stabilité mentale et autonomie. C'est ainsi que nous devenons moins dépendants du regard des autres.

Ce processus de développement se fait progressivement. Au début, même quand l'enfant est fier de lui, il vient chercher l'approbation de ses parents : « Regarde-moi, maman... regarde... » Plus tard, alors même que nous sommes devenus adultes, le regard des autres conserve une relative importance.

Refréner cette tendance naturelle à la reconnaissance peut nous empêcher de réaliser nos propres expériences.

LILIAN ET SON MANQUE D'EGO

Accepter que l'ego ne soit pas une mauvaise chose, mais un moteur fort, fut décisif pour la vie de Lilian. Sans le savoir, ce jeune médecin de 35 ans avait versé de nombreux verres bleus, source d'autonomie, dans sa carafe. Il me confia : « Toute ma jeunesse, j'ai manqué d'ambition, je passais mon temps à m'excuser. » Enfant unique et fils de parents tous deux travailleurs de nuit, Lilian est souvent livré à lui-même. La reconnaissance de ses parents, il l'a très peu connue. C'est seulement lorsqu'il comprend que les autres brillent plus que lui, par leurs résultats notamment, qu'il décide de relever la tête en travaillant deux fois plus. Lilian accumule alors les bons résultats et intègre brillamment la faculté de médecine de Paris. Il a fini par comprendre que son manque d'ego l'avait rendu « minable au point de ne plus exister ».

La vie est trop courte pour passer notre temps à regretter ce que l'on n'a pas eu l'audace de tenter. Le secret d'une vie réussie passe par notre réalisation. C'est ce qui nous donne le sentiment d'être utile. En nous réalisant nous donnons un sens profond à notre existence. N'oublions pas que nous ne sommes que de passage sur terre : une vraie raison pour en profiter pleinement ! Alors utilisons nos talents naturels pour quelque chose qui fait sens et vivons notre vie au lieu de la rêver !

J'ai pour ma part une fierté à exercer mon métier. Je m'en sers comme une source de motivation, sans me contenter de penser que le reste du monde m'est redevable.

Vouloir briller devant les autres n'est pas quelque chose de répréhensible en soi, c'est naturel et humain. Dans ce cas précis, il est important de ne pas confondre la vanité avec le désir de reconnaissance recherché par Lilian, aujourd'hui un cardiologue respecté et respectueux de ses pairs.

L'EXERCICE POUR FAVORISER UN EGO JUSTE ET APAISÉ

Fermez maintenant les yeux et imaginez que vous sortez de votre corps.

Vous rentrez alors dans la pièce où vous vous trouvez. Observez-vous allongé. Dites-vous bonjour comme si vous aimiez cette personne de toutes vos forces. Transmettez-lui un maximum d'amour et de tendresse par vos paroles et vos gestes.

Faire cet exercice régulièrement peut favoriser l'émergence d'un ego juste, apaisé et dynamisant pour vous et votre entourage. Développer ce pilier fondateur, l'amour de soi, vous permet de rester en contact avec votre essence personnelle et vous évite de vivre uniquement aux yeux de votre entourage et au détriment de votre propre nature.

CATHERINE ET SON EXIGENCE ÉTOUFFANTE

Catherine a 38 ans, elle est orfèvre pour le compte d'un grand bijoutier. Son métier est de concevoir des pièces sur mesure pour une clientèle de prestige. Élue meilleur ouvrier de France, c'est peu dire qu'elle connaît l'esprit de compétition.

Depuis son enfance, Catherine a toujours brillé aux yeux de ses proches. Gagnante de nombreux concours de danse classique, sa soif de reconnaissance l'a poussée toujours plus haut. Quand elle me rencontre, elle est à bout, insatisfaite et physiquement épuisée. Les signes de fatigue de son visage sont bien perceptibles. Catherine est une femme élégante, tant dans sa gestuelle que dans le choix de sa tenue. Elle m'explique, d'une voix posée, que sa vie professionnelle est invivable, car elle est sous tension permanente. En l'écoutant parler, je remarque qu'elle se compare souvent à ses collègues et confrères. J'ai le sentiment que cette tension qu'elle décrit est liée au fait que sa vie est une gigantesque épreuve sportive. Ses mots sont proches du jargon militaire : elle veut « battre » et « éliminer » ses concurrents « à coups » de créations originales. Je lui indique alors que, de manière générale, la seule personne à laquelle nous pouvons nous comparer, c'est nous-même, car il y aura toujours quelqu'un de meilleur et de pire. Je la sens perplexe. Je lui demande de me décrire comment elle se perçoit :

« Talentueuse... mais, c'est vrai, très exigeante avec les autres.

— En quoi êtes-vous si exigeante ?

— Je veux obtenir le meilleur.

— Pourquoi ?

— Pour être reconnue.

— Que se passe-t-il si vous ne l'êtes plus ?

— Je me sens trahie. »

Je commence à entrevoir son ego. Jusqu'ici, le comportement de Catherine lui a permis d'améliorer sa capacité à diriger sa vie. Mais aujourd'hui, cette attitude est en train de la détruire physiquement.

Or plus cette prise de conscience arrive tard dans la vie et plus il est difficile de changer certaines de nos habitudes comportementales destructrices pour nous-même et notre entourage. Catherine a ainsi mis plusieurs jours avant de faire le lien entre son état de santé et son comportement : elle a fini par admettre que sa quête éternelle de reconnaissance la desservait et qu'elle était responsable de cette situation invivable. Quelques mois plus tard, je l'ai trouvée plus apaisée et moins exigeante avec elle-même.

Par définition, la raison d'être et le but recherché de l'ego est de tout recentrer sur lui, notre personnalité, notre moi. Rien donc ne peut être évalué en dehors des répercussions possibles sur « moi ». C'est la parfaite absence d'écoute de l'autre et surtout à notre détriment. Plus tôt nous en prendrons conscience, plus facile il nous sera de changer notre comportement ; nous éviterons ainsi que notre ego devienne un leurre destructeur et illusoire.

Un ego trop fort fait naître un sentiment de culpabilité davantage qu'un sentiment d'être pleinement responsable et en phase avec soi-même. Pourquoi ? Parce que l'ego rend l'apprentissage de nos erreurs plus difficile et peut laisser nos émotions nous submerger. En perdant le contrôle, nous devenons la marionnette de notre ego.

Contrairement aux apparences, les personnes ayant une trop haute vision d'elles-mêmes ont souvent des failles ! Elles surcompensent les blessures comme celle d'avoir été mal aimées pendant l'enfance ou celle de vivre avec un handicap. Bien sûr que tout le monde a besoin d'un minimum d'ego pour avoir une bonne estime de soi. Mais quand cet ego s'affirme aux dépens des autres, qu'on cherche constamment à les dominer ou qu'on s'affranchit de tout ce que les autres peuvent penser et ressentir, l'ego a alors quelque chose de pathologique. Les personnes à l'ego surdimensionné induisent autour d'elles des affects qui vont de l'admiration à l'humiliation, en passant par le sentiment d'injustice ou d'infériorité, les rendant difficiles à vivre.

Oubliez-vous un peu et vous irez mieux !

En laissant votre ego de côté, vous devenez plus stable, plus équilibré. Vous prenez en considération les conséquences de vos actes, ce qui vous pousse à agir de votre mieux et à poursuivre votre chemin avec plus de dynamisme et d'enthousiasme.

Parce que nous avons tendance à idéaliser le passé ou à fantasmer notre futur, pondérer notre ego nous incite à vivre le moment présent, à diluer naturellement nos excès et à nous empêcher de vivre dans un rêve. Cette volonté excessive de faire toujours mieux que les autres nous amène inconsciemment à considérer comme impossible le fait d'avoir tort. Nous évoluons dans un monde fait d'illusions, nous vivons dans une prison dorée !

Il est essentiel de savoir reconnaître sa part de responsabilité. Ainsi, quand une personne est confrontée à un problème avec autrui, bien souvent la responsabilité est partagée. En effet, il s'agit d'une interaction entre deux parties : le comportement de A induit celui de B, et le comportement de B induit celui de A. En ce sens, chacune des parties porte une part de responsabilité. Lors d'un moment difficile, une personne à l'ego puissant se dédouane trop souvent de toute responsabilité. Son ego est fragilisé et elle déclare sans hésiter l'autre coupable. Elle campe rigidement sur ses positions et charge l'autre.

Pourtant, ce n'est qu'en reconnaissant notre part de responsabilité que nous pouvons changer. Ne pas assumer cette part de responsabilité, c'est faire de son ego un frein à son épanouissement personnel. Ne pas être capable de reconnaître ses faux pas, c'est également s'interdire d'évoluer, de tirer les conséquences de ses échecs et se refuser la capacité d'analyser ses progrès au quotidien.

L'EXERCICE POUR PRENDRE SA PART DE RESPONSABILITÉ

Tentez de revivre un événement où vous estimez avoir surréagi. Un moment où vos mots ou vos actions ont dépassé votre pensée…

Visualisez et ressentez pleinement cet instant.

Cette pratique va vous apprendre à vous responsabiliser, à agir, plus précisément, par la non-réaction. Face à un événement, votre réaction est primaire, elle obéit à votre ego et vous empêche souvent d'accepter la réalité. Vous allez devoir observer, identifier ce qui se passe autour de vous, ressentir des émotions plus ou moins fortes. Très rapidement, vous aurez sûrement envie d'exprimer ce qui se passe à l'intérieur de vous et de passer à l'action. Mais attention ! Cet exercice ne vous y autorise pas. Accepter dans un premier temps de reconnaître la réalité, de l'analyser, est loin d'être évident, j'en suis conscient… Mais c'est parce que vous devez contenir vos réactions que cet exercice prend du sens !

Ne pas réagir ne veut pas dire rester inactif, mais accepter les choses comme elles arrivent, puis, au moment opportun, se donner les moyens de changer ce qui peut l'être ou au contraire s'adapter avec sagesse et discernement.

Bien communiquer avec une personne égocentrique

Vous l'avez certainement déjà remarqué : un égocentrique préfère s'entourer de gens qui ne le contredisent jamais, qui « font son jeu ». Faites l'effort de vous prêter vous aussi à ce jeu, bien entendu dans des limites raisonnables. Ne faites pas semblant d'être « à ses pieds » (même les égocentriques savent reconnaître les hypocrites), mais accordez-lui simplement l'importance qu'il veut avoir. Cela vous rapprochera de lui et vous aurez de meilleures chances de le faire changer.

Dans leur livre *Comment gérer les personnalités difficiles* (Odile Jacob, 2000), les psychiatres et écrivains Christophe André et François Lelord suggèrent qu'opposer une personne à une autre très égocentrique va « renforcer le conflit ». Ils privilégient l'approbation et le compliment, mais uniquement s'il est sincère. Inutile de fuir au bout du monde !

GILLES OU LA POÊLE QUI SE MOQUE DU CHAUDRON

Gilles travaille dans une agence bancaire composée de dix personnes. Il veut « ramener à la réalité » le responsable de l'agence qu'il trouve « égocentrique » et trop éloigné de l'équipe. Gilles décide de lui dire ses quatre vérités lors d'un déjeuner en tête à tête. Or la tentative est vaine, l'effet obtenu est tout à fait l'inverse : son patron s'éloigne encore plus de Gilles et du reste de l'équipe.

Quand il me rencontre, il est au bord de la rupture et envisage de dire en pleine réunion à son responsable ce que toute l'équipe pense de lui, une bonne fois pour toutes. Il ne sait plus quelle posture adopter. Je lui explique que bousculer son responsable n'est pas vraiment la méthode appropriée. Toutefois, avec beaucoup de patience et de confiance de sa part, il peut réussir à lui faire passer le message. Mais il doit savoir que c'est un travail de longue haleine, qui demande aussi un changement d'attitude de la part de celui qui veut changer une personne qu'il estime égocentrique. Si Gilles porte un jugement sur son responsable, c'est qu'il y a également en lui une part d'ego. Je le mets en situation : « Quelle serait votre réaction si votre responsable vous faisait des reproches en pleine réunion avec vos collègues ? » Silence. Je lui suggère d'approuver en réunion, en l'exprimant clairement et avec sincérité, une action positive de son patron et ce au moins une fois par semaine (« je trouve l'idée de faire une nouvelle brochure attrayante pour nos clients »). Gilles est d'accord pour tenter l'expérience. Il regagne peu à peu la confiance de son responsable et la communication devient plus fluide et constructive.

Favoriser la communication directe est toujours bénéfique. Elle se définit comme notre aptitude à communiquer efficacement en utilisant un langage ayant un impact positif. Elle apporte une meilleure compréhension et une ouverture. Enfin, elle peut faire émerger de nouvelles perspectives pour vous et autrui.

Une question d'approche

De manière générale, à chaque fois que nous portons un jugement sur quelqu'un – car ce jugement se fait à partir de notre perception – nous ne sommes pas dans la peau de l'autre. Les égocentriques n'écoutent pas les avis des autres, cela ne les intéresse pas vraiment. Ils ne prêtent aucune attention aux conseils, à moins que ceux-ci ne correspondent exactement à leurs propres convictions. Influencer et faire changer une personne égocentrique reste néanmoins possible ! La meilleure approche, on l'a dit, consiste à être à son écoute. Cela vous permet à la fois de mieux comprendre « son monde » et de gagner sa confiance. C'est un véritable défi, car une personne égocentrique n'inspire généralement aucune sympathie, et vous n'avez pas envie de l'écouter !

Voici quelques clés qui peuvent vous permettre de déclencher une dynamique de changement chez une personne égocentrique.

La première consiste à repérer chez elle un trait de caractère agréable. Cette personne est-elle créative, enthousiaste ? Concentrez-vous uniquement sur cet aspect et mettez son égocentrisme au second plan.

Une autre clé est la compassion. Rappelez-vous aussi que l'égocentrisme n'est ni plus ni moins qu'une manière de se protéger du monde extérieur. Ainsi, l'une des causes fréquentes de la naissance d'un ego excessif est celle d'un manque d'amour parental. Un enfant qui manque d'amour et de sécurité grandit sans l'aide de l'autre et n'apprend pas toujours à partager ou à éprouver de l'empathie. Il construit inconsciemment un mur de protection autour de ses émotions, à l'origine de son ego. Si vous prenez en compte cette dimension, vous pouvez ressentir de la compassion à l'égard de cette personne, et non plus du mépris ou de l'agacement.

Évitez de dédaigner une personne égocentrique, mais ne vous laissez pas non plus impressionner par ses airs de supériorité. Essayez simplement de l'écouter avec attention afin de tisser un lien avec elle et de gagner durablement sa confiance.

Quand votre ego se retourne contre vous

L'envie de se passer du concours d'autrui est souvent le signe annonciateur que notre ego est en train de se retourner contre nous. Comme si s'appuyer sur quelqu'un d'autre nous infériorisait… Quel comportement absurde, alors que nous vivons dans un monde fait d'interactions où le partage et l'échange intellectuel sont des facteurs favorisant l'apparition du bonheur et de la réussite !

Rappelez-vous, le cheminement est bien plus enrichissant que le bénéfice lui-même.

L'explication à ce refus de recourir à autrui réside essentiellement dans la volonté d'avoir des succès personnels, redevables à personne d'autre que soi. Malheureusement, ce comportement augmente la probabilité de voir votre projet échouer. Et même si un échec doit toujours être relativisé, il est à parier que votre ego s'y opposera ! Chaque frustration déclenche alors une tempête d'émotions : colère, jalousie ou encore envie. L'entourage étouffe et a tendance à mettre de la distance pour se protéger. Vous vous sentez rejeté, votre estime de vous-même se détériore. Comment donc sortir de ce cercle vicieux où votre ego se retourne contre vous ?

- Acceptez à chaque instant de votre vie l'amour positif que les autres vous renvoient (le fameux verre rouge !).
- Cessez de vouloir contrôler tous les éléments qui vous entourent.
- Visualisez clairement les risques pour vous-même d'avoir un ego trop prononcé : conflit intérieur, tourment, sensation de perdre votre temps et éternelle insatisfaction. Car un ego fort est moteur d'insatisfaction permanente. Si vous en êtes là, c'est que vous avez certainement fait fausse route. Reconnaître que vous poursuivez une escalade vers l'inatteignable est une première étape pour améliorer votre quotidien et créer les conditions d'un changement porteur d'une nouvelle dynamique : celle de votre bien-être et celui de vos proches !

Votre talent au service d'un ego apaisé et apaisant

J'ai constaté que les gens épanouis étaient ceux qui utilisaient le mieux leurs aptitudes naturelles. Quel lien pouvons-nous établir entre notre ego et nos aptitudes ?

Je suis convaincu que notre ego ne peut bien se développer que si l'on est dans l'endroit où l'on peut exprimer ses talents. Ce lieu, je le désigne comme notre « zone de réalisation ». Ne pas être en phase avec notre « zone de réalisation » crée un décalage entre l'image que nous nous faisons de nous-même et nos réelles compétences. Nous perdons l'étincelle qui nous animait. Si tel est le cas, soit nous avons le sentiment de stagner, soit nous échouons.

Lors de mon expérience australienne où j'ai rejoint une multinationale très structurée, j'ai vécu ce décalage. La vie m'avait pourtant prouvé que ma zone de réalisation était le milieu entrepreneurial. Libre de mes choix et responsable, j'étais tout simplement plus performant. Mais aveuglé par mon ego et en quête de brillance et de reconnaissance, je me suis égaré dans cette voie qui n'était pas la mienne et mon corps me l'a fait payer comptant : à force de décupler mes efforts pour accomplir mes tâches journalières sans fin, j'ai fait un *burn out*.

Paradoxalement, aujourd'hui je travaille beaucoup plus, tant en termes de temps de travail que d'investissement personnel, mais je le vis comme une dynamique de vie essentielle à mon bien-être et à ma réalisation.

Pour nous développer, progresser, nous pensons trop souvent qu'il faut nous débarrasser de nos points faibles. Après avoir dressé une liste de tous nos défauts, nous nous concentrons alors uniquement sur eux pour les estomper. Au point de finir par oublier nos points forts...

Identifier vos talents naturels va au contraire vous permettre d'exprimer votre ego à sa juste valeur en vous donnant le sentiment que vous êtes à votre place. Pour cela, il faut avoir l'honnêteté de reconnaître que l'on ne peut pas être bon partout. Ce processus d'acceptation est un préambule indispensable afin de développer vos talents naturels.

PAUL ET SON SENTIMENT D'ÊTRE LE MAUVAIS ÉLÈVE

Paul est un informaticien de 35 ans. Il est à l'aise derrière son écran. Concentré dans des dossiers complexes, les analyses et les tableaux croisés dynamiques n'ont pas de secrets pour lui ! Toutefois, son manager lui propose une formation pour sortir de sa routine quotidienne et améliorer sa communication, particulièrement sa prise de parole en public. À l'issue de cette formation, Paul a progressé mais est toujours aussi mal à l'aise et maladroit lorsqu'il doit prendre la parole ; ce n'est clairement pas sa zone de réalisation, là où il peut briller et se distinguer. Il finit par se dévaloriser et se replier sur lui-même, vivant la situation comme un échec personnel.

Il faut bien comprendre que vouloir persister à estomper ou corriger nos points faibles a des conséquences aux effets parfois destructeurs : une productivité diminuée, une perte d'estime de soi voire une dépression. Alors que les énergies de Paul pourraient être utilisées pour renforcer ses points forts afin d'en faire un expert incontournable, il se sent relégué au rang des mauvais élèves. Et si cette formation souhaitée par son manager avait eu pour objectif de lui faire travailler ses forces pour qu'il découvre, en avant-première, les dernières innovations technologiques ? Paul ne serait-il pas plus épanoui et plus utile à la santé économique de son entreprise à avoir amélioré son degré de maîtrise ?

La règle des 10 000 heures

À partir du moment où l'on est conscient de ses faiblesses, elles ne nous desservent plus. Nous devenons plus lucides et notre attitude peut alors s'orienter activement vers l'amélioration de nos forces, clé de la réussite. Ainsi pourquoi ne pas appliquer la règle des 10 000 heures pour capitaliser sur nos talents naturels ?

Selon le psychologue suédois K. Anders Ericsson, une fois nos talents identifiés, le succès est à la portée de chacun pour peu que l'on se donne le temps de les développer. Dès 1990, il développe la théorie selon laquelle nous atteignons un niveau d'excellence dans une discipline, un art ou une technique après 10 000 heures de pratique.

En 2008, Malcom Gladwell, journaliste au *New Yorker*, analyse dans son ouvrage *Tous winners ! Comprendre les logiques du succès* (Flammarion, 2014) le parcours de personnalités à la réussite éclatante. Parmi celles-ci, Bill Gates, fondateur de Microsoft. Dès l'adolescence, ce dernier passe sur son ordinateur 8 heures par jour, 7 jours sur 7. Il se lève en pleine nuit et rejoint à pied ou en bus l'université de Washington, accédant ainsi à des terminaux d'ordinateurs « non réservés » entre 3 et 6 heures du matin. Le monde entier connaît la suite...

La théorie des 10 000 heures combine approche logique, étude méthodique et principes de développement personnel : sa mise en application peut produire des résultats hors du commun. Certes, nous n'aspirons pas tous à devenir des « maîtres absolus ». En revanche, le haut degré de maîtrise est une qualité recherchée qui participe à notre réalisation personnelle.

Développez vos talents naturels

- Commencez dans un premier temps par ressentir vos talents : en effet, ils s'expriment derrière vos émotions. Par exemple, lorsque vous êtes en train de faire quelque chose qui vous procure de l'enthousiasme, qui vous fait vibrer, qui vous stimule, c'est le signe très clair que vous êtes en train d'utiliser un talent ! Soyez à l'écoute de vous-même, de ce que vous ressentez au cours de votre journée et notez-le ou relevez les moments où vous avez vibré. Le dénominateur commun de ces moments est un de vos talents !
- Interrogez vos proches. Demandez-leur de vous dire ce pour quoi vous êtes doué, ce qui vous rend unique et en quoi vous avez pu être utile à leurs yeux dans le passé. Cette démarche n'est pas forcément naturelle, mais c'est une occasion unique de mieux vous connaître et de renforcer votre ego pour le placer à sa juste place. Car nous sommes souvent les derniers à avoir conscience de nos dons. Souvent parce que, ceux-ci faisant intrinsèquement partie de nous, nous les utilisons sans même nous

en apercevoir. Nos proches sont souvent plus lucides et objectifs que nous !

En identifiant votre zone de réalisation, vous exploiterez vos talents naturels en pleine conscience. À la clé, des bénéfices qui permettront non seulement l'amélioration de votre productivité, mais aussi à accroître plaisir et puissance intérieure. Identifier ses talents permet de développer la confiance en soi, car ils donnent l'occasion de capitaliser sur des expériences vécues, reconnues, et d'en déduire les mécanismes de réussite adaptés. Utiliser vos talents naturels révélera votre ego juste. Celui qui vous renforce et vous permet d'agir avec plus d'aisance parce que davantage en cohérence avec vous-même !

PORTRAITS CROISÉS

Charlène : une rencontre déterminante

Charlène a 40 ans et réside à Paris. Elle est directrice artistique pour une maison de couture italienne. D'origine catalane, le respect de la tradition familiale est au cœur de son éducation et des valeurs transmises par ses parents. Elle est l'aînée d'une fratrie de deux sœurs et d'un frère. Tous sont mariés et ont des enfants. Charlène consacre la majorité de son temps à son travail. Elle traverse au moins six fois par an l'océan Atlantique pour préparer et présenter différentes créations et collections. Quand elle me rencontre, elle est angoissée. Les ongles rongés et le regard fuyant, elle est sous anxiolytiques depuis huit ans. Dès son premier café matinal, elle ne peut s'empêcher d'avaler un calmant. Et le soir, elle ne peut trouver le sommeil sans prendre ses cachets.

Charlène souhaite sortir de cette dépendance médicamenteuse et retrouver une vie sereine, mais elle ne sait pas comment s'y prendre. Elle est consciente que, s'il n'y a pas de changement dans son mode de vie, elle court à sa perte. Paradoxalement, elle donne l'image d'une femme forte et audacieuse, capable de surmonter les obstacles de la vie. Au fil de nos échanges, j'observe qu'elle ne me parle jamais de sa vie personnelle, mais principalement de l'image qu'elle dégage aux yeux des autres, de l'admiration qu'elle provoque par sa réussite professionnelle aux yeux de sa famille. Elle est fière de son parcours qu'elle me décrit comme « atypique et exceptionnel ». Elle aime être admirée et cherche la reconnaissance de ses pairs. Je finis par comprendre que derrière cette façade puissante se cache une autre Charlène. Curieux d'identifier l'origine de son anxiété, je lui demande de me parler d'elle-même. Elle accepte. Charlène vit en couple depuis trois ans avec une femme. Cela doit rester confidentiel, car c'est un « sujet tabou ». Je lui précise que ma déontologie m'impose la plus grande discrétion, et rebondis en lui demandant en quoi être en couple est un tabou. Elle m'explique que sa famille est très traditionaliste et qu'en aucun cas, elle ne veut les déranger avec des « anecdotes futiles » sur sa vie privée. Elle ne veut pas écorner son image, celle d'une femme qui a réussi brillamment grâce à son talent et à son travail acharné.

À cet instant, je sens que Charlène est prise dans le piège de son ego. Essayer d'être quelqu'un d'autre aux yeux de ses proches est certainement la source principale de son épuisement physique. Elle est prisonnière car divisée entre l'image qu'elle souhaite donner et la personne qu'elle est réellement.

Une semaine après notre première rencontre, j'organise une réunion autour du bien-être au travail. Charlène est présente. À l'issue de la réunion, elle échange longuement avec une de mes anciennes clientes, Lucie. Lors de notre séance suivante, Charlène est rayonnante et me remercie de l'avoir invitée. Elle me fait part de sa joie d'avoir fait la connaissance de Lucie. J'ai le sentiment que sa rencontre avec Lucie a provoqué un changement dans son comportement. Rapidement, elle me décrit la teneur de leur discussion. « C'est la première fois de ma vie que je rencontre une personne qui a la même préférence sexuelle que moi, capable de vivre en paix avec elle-même. » Elle se trouve de nombreux points communs avec Lucie, issue comme elle d'une famille très pratiquante et traditionaliste. Cela ne l'a pas empêchée d'assumer ses choix aux yeux de sa famille ou de son entourage et d'être aujourd'hui en paix avec elle-même. Je suis ravi car une prise de conscience puissante vient d'avoir lieu. Cette rencontre a été certainement plus efficace pour Charlène que mon travail d'accompagnement. Et surtout en un temps record !

Le simple fait d'avoir rencontré quelqu'un assumant sa vraie nature a aidé Charlène à se révéler à elle-même. Progressivement, elle décide de se libérer de ce poids et d'en parler quelques mois plus tard à ses sœurs, puis à son frère et enfin à ses parents.

Napoléon : le parangon de l'ego surdimensionné

Qui mieux que Napoléon Bonaparte pour évoquer un ego tout-puissant, lui qui a déclaré un jour : « Je ne suis point né sur le trône, je dois m'y soutenir comme j'y suis monté, par la gloire. Il faut que je monte sans cesse. Si je m'arrête, je suis perdu » ?

Issu de la petite noblesse corse, Napoléon Ier est sacré premier empereur des Français en la cathédrale Notre-Dame de Paris le 2 décembre 1804. Petit chapeau, redingote grise, mèche et main dans le gilet, Napoléon conduit les armées françaises et révèle les nations à elles-mêmes pour le meilleur et pour le pire : Italie, Espagne, Pologne, Allemagne, Russie, Égypte. Il réorganise et réforme durablement l'État et la société française.

En août 1811, le tsar Alexandre Ier, violant le traité de Tilsit, laisse les navires anglais entrer dans ses ports. Ulcéré, Napoléon considère la guerre inévitable et marche sur la Russie en 1812. Ses troupes, composées de Français, d'Italiens, d'Autrichiens et d'Allemands, comptent près de 700 000 hommes. Elles gagnent de nombreuses victoires et pénètrent progressivement dans Moscou. Victime du froid glacial, la Grande Armée finit par battre en retraite par des régions isolées. Si Napoléon savait que chaque soldat de la Grande Armée était décidé à mourir pour lui, il était loin d'envisager un instant la catastrophe qui allait presque tous les anéantir. Pourquoi refuse-t-il d'écouter son conseiller principal, le général Caulaincourt, qui lui affirme que les Russes veulent enliser ses troupes pour les faire tomber dans ce piège ? C'est parce qu'il est aveuglé par son ego que Napoléon ne mesure pas les risques liés au climat : le froid, la neige et surtout l'énorme distance à parcourir qui exacerbe les problèmes d'intendance : nourriture, armes, chevaux, habillements inadaptés au grand froid...

Cinq semaines après avoir quitté Moscou, les troupes napoléoniennes se retrouvent face à un obstacle de taille : la rivière Berezina. Le seul pont permettant la traversée a été détruit par les Russes. La Grande Armée construit des ouvrages de fortune, mais les troupes sont déjà décimées par le froid et la faim. Seuls 300 000 soldats sur les 700 000 de la ligne de départ rentreront en France. La retraite se transforme en déroute. La Grande Armée est presque totalement anéantie. Napoléon Ier est vaincu à Leipzig le 19 octobre 1813 (bataille des Nations). Il se replie en France. Sans doute toujours poussé par ce besoin irrépressible de conquête, souhaitait-il combattre le tsar Alexandre Ier afin d'asseoir son ego.

Aujourd'hui encore, figure historique et ambiguë, Napoléon dérange et fascine. Son ego tout entier asservi à sa propre gloire a eu un coût élevé pour la nation, ce qui lui a valu le surnom de « l'Ogre ».

LOI 6

Appuyez-vous sur les autres pour créer une dynamique collective

La juste attitude

La vie en société suppose, dans la plupart des cas, que nos décisions soient accompagnées d'une dynamique collective.

Dans ce domaine, nous ne sommes pas tous égaux, tant s'en faut ! Car il n'est pas toujours facile d'écouter quelqu'un sans tirer de conclusions hâtives, d'obtenir l'appui d'autrui tout en restant sur son propre terrain, autrement dit d'être cohérent avec sa vision des choses sans blesser les autres…

C'est le cas de Julia, une jeune femme de 26 ans qui, se sentant isolée, a créé un groupe actif de réflexion d'une quinzaine d'adhérents pour échanger lors d'une matinale hebdomadaire. L'objectif : s'entraider activement à trouver un emploi. Au cœur des « matinales » : échange de contacts réseaux, trucs et astuces, conférences du mois et liste des salons bénéfiques pour tous. Entre les séances : envois de news, de réflexions, d'exposés de conférences et de l'agenda de la prochaine matinale. Les thèmes abordés : pitchs, retours d'expérience, amélioration des profils LinkedIn, etc.

Ce chapitre vous aidera à comprendre l'art de la « manipulation positive » pour améliorer la qualité de vos décisions et de vos rapports sociaux.

Votre parole au service du changement

La nature humaine n'est pas d'emblée clémente. Pour reprendre l'expression de l'auteur Amélie Nothomb : « La guerre est dans la nature humaine. » Mais comment obtenir le meilleur de l'autre si nous ne sommes pas capables d'être bienveillants avec nous-mêmes ?

Notre perception des autres est souvent conditionnée par notre éducation ou notre environnement. Un peu comme si nous interprétions la réalité après l'avoir regardée au travers d'un écran de fumée. Or c'est par la parole que vous (comme autrui) exprimez ce que vous êtes : vos pensées, vos émotions, vos désirs. La parole a un pouvoir créateur mais aussi destructeur. Sa puissance peut faire naître l'amour comme la haine. Si une parole vous touche, vous allez commencer à la croire. Cette croyance aura le pouvoir de changer la nature de vos décisions et donc le cours de votre existence.

Vous l'avez sûrement remarqué, vos paroles négatives finissent toujours par se retourner contre vous. En parlant mal d'autrui, vous adoptez, sans en être toujours conscient, une attitude autodestructrice. Cette parole médisante se propage tel un virus et affaiblit durablement votre faculté à vivre sereinement. Au contraire, une plus grande maîtrise et indulgence vous protègent et renforcent votre puissance intérieure. Vous devenez ainsi moins vulnérable aux personnes toxiques.

Maîtriser votre parole, surtout quand la charge émotionnelle est forte, reste ardu et nécessite un travail plus ou moins important sur vous-même.

La clé d'une parole irréprochable ?

- Soyez détaché. Ayez cette capacité à prendre de la distance sans vous laisser submerger par vos pulsions. Je me souviens de Charles, un jeune homme de 29 ans à la stature imposante, qui se laissait déborder par la colère à chaque réunion. Conscient que sa manière négative de parler est en train de lui coûter son poste, il me demande, à la sortie d'une présentation, une technique simple pour se maîtriser. Je lui propose un exercice pour éviter que sa parole ne dépasse ses pensées lors de sa réunion à venir : « La prochaine fois que vous aurez envie de dire quelque chose de négatif, restez concentré sur votre interlocuteur. Observez attentivement sa gestuelle, son regard et le ton de sa voix. Gardez le silence pendant une minute après la fin de son intervention. Une fois détaché de l'instant immédiat, vous pourrez alors vous exprimer avec nuance. »

• Tentez aussi de voir le verre à moitié plein, même quand vos émotions vous submergent. Quelqu'un persiste à vous dire que vous échouerez dans votre nouveau travail ? Demandez-lui ce qui va se passer si vous réussissez. En répondant positivement, avec des mots nuancés, vous pouvez l'aider, indirectement, à voir lui aussi le côté positif de la situation.

• Enfin, je vous invite à vous réjouir du bonheur d'autrui. L'expression de votre sentiment devient une vraie source de gratification pour vous-même. Votre attitude généreuse vient renforcer votre sentiment d'être utile à l'autre. Vous vous réjouissez du bonheur d'autrui et l'exprimez spontanément : « Je suis heureux pour toi. » Ce n'est pas toujours facile à dire, et l'intonation ne trompe pas ! Toutefois, sentir que quelqu'un participe à notre bonheur le décuple. Une relation de qualité prend en compte le bonheur d'autrui. Matthieu Ricard, docteur en génétique cellulaire et moine bouddhiste tibétain, dans son livre *Plaidoyer pour le bonheur* (Pockett, 2004), met en avant un lien entre notre propension à nous consacrer aux autres et à notre propre bonheur. Certes, l'authenticité altruiste demande une certaine dose d'équilibre personnel et de travail sur soi. Mais ce changement d'attitude a pour vertu de nous aider à réaliser l'importance d'être heureux du bonheur des autres. Ainsi, Eva déteste le football ; pourtant, elle s'applique à ne pas gâcher l'enthousiasme de son conjoint. Elle maîtrise sa parole et ne dénigre pas les matchs ouvertement. « Je prévois toujours un peu de lecture ou une sortie entre amies les soirs de match, car j'ai compris que suivre un match lui fait du bien ! » Même si Eva se sent toujours un « peu exclue », le fait de laisser son mari apprécier ce moment conforte la solidité de leur couple. Et elle ajoute : « Il me le rend en m'accompagnant régulièrement à des expos ! » Une attitude apaisée et apaisante pour votre entourage vous évite de tomber dans le piège des *a priori* inutiles, de l'arrogance, et surtout d'être la victime de relations toxiques.

Fuyez les relations toxiques !

Pourquoi certaines personnes nous font-elles du bien quand d'autres nous gâchent la vie ? Vous avez sûrement remarqué que certaines personnes participent activement à votre bien-être, tandis que d'autres, au contraire, semblent s'ingénier à vous nuire. Mais les signaux d'alerte sont souvent subjectifs. Comment alors comprendre qu'une relation est ou devient toxique ?

Souvent, la prise de conscience arrive alors que le mal est déjà fait. La personne victime de cette relation perd peu à peu son libre arbitre. D'où sa difficulté à partir avant qu'il ne soit trop tard.

L'être humain est mû par des pulsions souvent destructrices. Et notre société moderne, fondée sur la jouissance immédiate et l'individualisme, a tendance à fabriquer de plus en plus d'immoralité. Savoir identifier les pics négatifs qui vous entourent est loin d'être chose facile. Quels sont les premiers signaux ? Lorsque vous commencez à ressentir un malaise – ce sentiment de ne pas être à votre place et de perdre votre autonomie – ou que votre comportement habituel change : jusqu'ici extraverti, vous vous repliez progressivement sur vous-même...

JEANNE, VICTIME DE SON MARI, PERVERS NARCISSIQUE

Jeanne est une femme de 35 ans. Chaque jour, son conjoint lui répète qu'elle est incapable de faire quelque chose correctement toute seule. Il n'aime pas ses amis et critique ses parents à longueur de journée. Jeanne s'éloigne petit à petit de son cercle amical et familial pour finalement ne les voir qu'une fois par an. Comme son mari est jaloux de ses collègues, elle finit par démissionner pour rester à la maison. Après plusieurs mois, Jeanne développe des pensées suicidaires. Son père le remarque : elle a perdu du poids de façon excessive et se laisse aller physiquement. Il décide de l'emmener en vacances, juste lui et elle, dans un chalet savoyard. Prise au dépourvu, elle accepte : c'est le chalet où toute la famille a l'habitude de se retrouver chaque année, depuis sa naissance. Jeanne se livre enfin et en dit un peu plus chaque jour à son père. Elle comprend qu'elle a perdu une partie de son identité. Subtilement et sans la juger, son père lui conseille de consulter un spécialiste dès son retour. Après une longue thérapie et une séparation compliquée, Jeanne reprend goût à la vie. Consciente d'être passée près du suicide, elle comprend progressivement que son conjoint était toxique et l'avait vidée de sa substance. Jeanne a été la victime d'un pervers narcissique.

Au fil de mon expérience, j'ai pu constater que le profil le plus toxique et dévastateur est celui du pervers narcissique. À croire que notre société actuelle en fabrique de plus en plus !

Ce type de manipulateur peut vous réduire littéralement à néant. Il aime se nourrir de votre joie de vivre et vous vole tout ce qu'il est lui-même incapable d'éprouver. Le pervers narcissique est un individu qui s'est construit autour d'une structure émotionnelle immature. C'est à partir de cette « fausse réalité » qu'il s'est bâti sa personnalité. Il n'a jamais pu devenir véritablement responsable et adulte. Cette immaturité est à l'origine de son comportement centré sur lui-même. Le pervers narcissique ne vit que par l'image que lui renvoie sa victime de lui-même, fascinée et aveuglée par ce qu'elle croit être une réalité. Sa perversion vient du fait qu'il ne ressent aucune compassion ou culpabilité : ses victimes ne sont pour lui que des objets.

4 clés pour identifier un pervers narcissique

1. **Ce n'est jamais sa faute :** il utilise le déni pour ne pas assumer ses responsabilités et ses actes.
2. **Il rabaisse l'autre pour se valoriser :** pour compenser son manque de confiance en lui, il développe une image démesurée de lui-même.
3. **Il isole sa victime pour mieux la contrôler :** il fait tout pour éviter que sa victime réalise que la situation est anormale.
4. **Il utilise une tierce personne pour arriver à ses fins :** se servir d'une autre personne est la meilleure diversion pour atteindre son objectif.

Il existe des tendances communes chez les proies d'un pervers narcissique : ce sont des personnes vulnérables, extrasensibles et la plupart du temps tournées vers l'autre. Le pervers narcissique repère ce profil et développe une stratégie de séduction pour l'attirer. Une caractéristique : sa gentillesse excessive, sa façon de vous mettre sur un piédestal, dès les premiers moments. Lorsque cela paraît trop beau pour être vrai et honnête, gardez à l'esprit que personne ne nous veut autant de bien « gratuitement » et ne vous aime ainsi d'emblée !

4 clés pour éviter de vous laisser envahir par des personnes toxiques

1. **Appuyez-vous sur votre entourage** – comme ce fut le cas pour Jeanne avec son père. Rompez avec l'isolement et redonnez du crédit à ceux que vous aimez et qui vous veulent du bien. Aux personnes qui vous ont accompagné pour surmonter des épreuves critiques de votre vie. Alertez votre « cercle de gens bienveillants » sur ces personnes toxiques ou que vous suspectez d'être toxiques – cela pourra aussi vous empêcher de retomber dans leur piège.
2. **Construisez-vous une « carapace ».** La solidité de cette carapace réside dans le fait d'être honnête avec vous-même. Posez-vous la question : Que m'a apporté cette personne depuis qu'elle est entrée dans ma vie ? Si la réponse est « beaucoup de soucis », sortez votre armure et…
3. **Fuyez !** Comment ? En l'expliquant à la personne toxique, en étant le plus clair possible : « À tel moment, tu m'as dit cela » ou « à tel autre, voilà ce que j'ai compris… Ton attitude est nocive pour moi. Alors soit tu changes, soit notre relation n'est plus viable. » Retenez qu'il est toujours souhaitable de mentionner clairement les raisons de la prise de distance. Mettre la personne en face de ses actes peut lui permettre des prises de conscience sources de changements positifs !
4. **Exprimez votre colère.** Une fois la personne toxique écartée, autorisez-vous à la détester sans culpabiliser. Il est positif d'expulser vos affects librement. La colère fait partie du processus de deuil.

Posez vos limites pour asseoir votre crédibilité

D'où vient la difficulté que vous avez à dire non ? La plupart du temps, notre culture et notre éducation nous ont entraînés depuis l'enfance à dire oui : sois gentil, aimable, serviable ! Une fois ancrés, ces comportements peuvent générer des croyances limitantes. Ainsi, nous concluons que, pour être aimé et accepté, il faut répondre positivement aux demandes qui nous sont faites. Une fois adultes et quelques prises de conscience plus tard, notre autonomie nous permet parfois de dépasser ces croyances. Savoir dire « non » fait partie des apprentissages accessibles à tous.

Dans le monde de l'entreprise, la flexibilité – la capacité à nous adapter aux multiples changements – est devenue constitutive de notre réussite. Toujours plus vite, toujours plus urgent et important : nous sommes submergés par un flux continu de demandes, qu'elles viennent de notre patron, de nos collaborateurs ou de nos collègues. Sans compter les e-mails et les informations qui défilent en continu sur notre smartphone ! Combien de fois avez-vous pensé dire non au moment de répondre à une demande ? Pourtant, vous vous êtes entendu dire oui. Un petit oui sans conviction, lâché à contrecœur, mais qui vous engage, bel et bien, dans une situation non souhaitée. Mal-être, tensions, exaspération, fatigue, frustrations... Vous en venez à en vouloir à vos interlocuteurs et à vous-même. Car ce petit « oui » risque fort de diminuer votre confiance en vous, mais également celle que les autres vous portent.

Dans ce contexte de disponibilité non-stop, comment faire pour réussir à composer avec les autres ?

Tout simplement en disant parfois non.

Sortez de la spirale infernale du oui

Si vous le voulez bien, explorons ensemble les moyens de sortir de la spirale infernale du oui, pour ne plus nous retrouver dans des situations délicates.

- Sachez prendre votre temps. Ne vous précipitez pas, surtout si vous sentez que l'on vous presse pour obtenir plus vite et plus facilement votre accord. Restez calme et écoutez s'exprimer votre interlocuteur. Demandez-lui ensuite de reformuler pour lui montrer l'intérêt que vous portez à sa demande. Vous pouvez ensuite exprimer avec empathie un non réfléchi et proposer une alternative, tout en restant ferme sur votre position, sans pour autant le froisser : « Je comprends votre problème, mais dans l'état actuel des choses, je ne peux malheureusement pas m'engager à rendre ce travail ce soir. Nous pourrions peut-être revoir les priorités ensemble ? » Vous venez de dire non, avec diplomatie, et avez proposé une solution. Cela devrait infléchir votre interlocuteur.
- Utilisez le « je », une méthode efficace qui montre que vous êtes responsable et autonome : « Je comprends, j'aimerais que nous revoyions ce point précis », etc. Le « je » est plus acceptable pour l'autre que le « tu » souvent perçu comme accusateur et qui vous place dans une posture de victime : « Tu ne peux pas me demander de faire cela… Tu ne vois pas que je suis débordé ? »
- Donnez de l'importance au oui ! Face à ses collaborateurs, savoir dire non, c'est donner de l'importance au oui. C'est aussi renforcer l'estime de soi, s'affirmer et agir en harmonie avec ses valeurs, donnant ainsi l'image de quelqu'un plus sûr de lui et digne de confiance. Si vous savez dire « non » avec les formes requises, vous saurez

Sortez de la spirale infernale du oui pour devenir vous-même, en mieux !

aussi mieux appréhender les situations de crises collectives ou individuelles. Vous renforcerez votre leadership et obtiendrez la reconnaissance tant de votre hiérarchie que de vos collaborateurs.

En employant ces trois moyens, vous constaterez que votre nouvelle attitude va entraîner un changement chez votre interlocuteur. Vous entrerez alors dans le cercle vertueux de l'affirmation de soi, synonyme de bien-être : vous devenez vous-même, en mieux !

La manipulation positive au service de votre bien-être

Mettons les choses au clair immédiatement : toute manipulation n'est pas forcément perverse. Tout dépend de l'intention du manipulateur, plus précisément de sa disposition à vouloir le bien ou le mal pour l'autre.

Comment savoir si une manipulation est positive ?

- Elle est fondée sur l'écoute, l'aide et l'accompagnement de l'autre.
- L'intention de celui qui « manipule » doit être la compréhension.
- Les effets sur la personne manipulée doivent être le renforcement de la confiance en soi, la prise de conscience de ses forces et de sa valeur personnelle.
- Les changements recherchés pour la personne qui manipule doivent être l'amélioration de l'état initial de son interlocuteur et la création d'une dynamique positive dans sa vie sociale.

La manipulation est positive en ce sens qu'elle fait naître un élan pour l'autre, porteur de changements positifs. Utilisée en toute bienveillance, ciblée et limitée dans le temps, elle permet d'atteindre un but précis. Manipuler l'autre devient alors constructif, peut permettre de limiter la violence d'une vérité – il est parfois dangereux pour un manager de dire à une personne nouvellement employée : « Vous n'avez pas les aptitudes pour ce poste. » Mieux vaut prendre le temps d'échanger et de l'écouter, puis utiliser une formulation positive qui lui fera réaliser avec bienveillance qu'elle serait très utile pour l'entreprise si elle acceptait de prendre en charge un autre projet plus en phase avec ses compétences. Les résultats de cette manipulation positive sont parfois surprenants : la personne peut se révéler performante et devenir un atout majeur pour l'entreprise !

C'est la même chose pour un adolescent que l'on peut ainsi amener à réussir son bac. Convoqué subitement par le directeur, vous apprenez que votre enfant n'écoute aucune instruction et passe peu de temps sur les bancs du lycée. Plutôt que de réagir sous le coup de la colère, il est plus subtil de lui faire part de votre étonnement en lui affirmant que vous aviez « une totale confiance en lui ». Puis de lui demander : « Quels sont les risques si tu rates ton baccalauréat, sachant que la plupart de tes amis l'auront certainement ? » Cette question ouvre à la réflexion et l'amènera à être responsable de son comportement. Un pas de plus vers l'autonomie !

C'est d'ailleurs en étant moi-même manipulé positivement par un ami bienveillant que j'ai pris conscience qu'un changement devait avoir lieu dans ma vie. Si je fais ce métier aujourd'hui, c'est aussi grâce à lui. D'ailleurs, que font les psychologues, thérapeutes et coachs ? Ils vous manipulent ! Ils le font avec une intention positive et bienveillante, celle de vous guider dans la compréhension de vous-même pour vous permettre d'accéder aux changements de vie que vous souhaitez. Dans quel but ? Permettre à l'interlocuteur d'aller mieux, d'augmenter son niveau d'estime de soi et d'être plus autonome, pour lui donner la responsabilité de trouver par lui-même ses propres réponses.

Dans une course effrénée vers la réussite ou la quête de bonheur, vouloir devenir une personne meilleure peut être perçu comme quelque chose d'abstrait ou d'égoïste. Or il s'agit de s'améliorer pour être mieux avec soi-même et avec les autres également. J'aime l'idée que la tranquillité de l'esprit réside dans le fait d'accepter sa juste place dans l'univers. D'appréhender la vie comme un chemin où, à chaque croisement, nous avons la possibilité de nous améliorer. Au contraire, l'excès, dans toutes ses dimensions, nous amène à notre propre perte et nourrit frustration, ressentiment et colère.

Ne vous laissez pas tromper par le virtuel !

En 2016, 30 millions de Français utilisaient Facebook chaque mois, 6 millions tweetaient, 1 utilisateur sur 2 de Twitter avait moins de 35 ans. Aujourd'hui, nous échangeons des textos comme si notre vie en dépendait.

Notre société actuelle, dans laquelle l'apparence occupe une place prépondérante, ne nous aide pas à aller bien et à améliorer l'image de nous-mêmes. La « génération selfie » nous entraîne dans une spirale sans fin qui vient affaiblir notre confiance en nous. Sur l'écran, les autres sont toujours mieux ! Mais comment pouvez-vous le savoir ? Combien de gens se construisent virtuellement un tableau parfait, censé symboliser leur réussite ? Derrière ce portrait illusoire en tout point se cachent trop souvent des mensonges, une dépression, un mal-être, un vide abyssal, une dépendance à la drogue ou encore des violences conjugales.

Comment le virtuel déforme-t-il l'image que nous portons sur nous-même ?

Les réseaux sociaux se caractérisent par le déploiement public des « atouts » de chacun, sous la forme de listes d'amis, du nombre de likes, de photos de voyage ou de plats faits maison, de projets réalisés et d'observations savoureuses. La fadeur a rarement sa place et les choses tristes n'ont pas lieu d'être exposées, proposant un angle unilatéral, sublime forcément.

Observer la vitrine joyeuse et bien organisée de la vie des autres peut entraver votre impression de bien-être. Vous vous sentez seul face à vos propres souffrances, ce qui vous plonge dans une dynamique négative : l'autre est forcément mieux que vous. Après une visite sur un réseau social, ne vous êtes-vous jamais dit : « Leur vie est si parfaite... » ?

« Facebook, c'est comme une pièce de théâtre où tu te fabriques ton personnage ! »

Lors d'une conférence à Paris, je me souviens de cette phrase très juste d'un étudiant : « Facebook, c'est comme une pièce de théâtre où tu te fabriques ton personnage ! »

C'est Sherry Turkle, professeur au MIT (Massachusetts Institute of Technology), qui évoque dans son livre *Alone Together* (Basic books, 2012) la fatigue ressentie par les adolescents qui doivent sans cesse retoucher leur profil Facebook pour apparaître au maximum de la « coolitude ». Elle appelle cela « l'angoisse de l'impression » et suggère que l'élément de performance constante, véhiculée par le site, provoque des phénomènes d'autoaliénation. Elle met en avant le fait que la technologie, malgré ses promesses de liens sociaux, a paradoxalement tendance à nous isoler davantage en faisant écran à une intimité avec l'autre. Au travers de recherches menées auprès d'étudiants, Alex Jordan, doctorant au département de psychologie de l'université californienne de Stanford, suggère que les réseaux sociaux auraient le pouvoir de nous faire nous sentir plus tristes. D'après les résultats de l'étude parue dans le *Personality and Social Psychology Bulletin* de l'université de Stanford, les sujets se sous-estiment et se découragent eux-mêmes !

Il faut comprendre que l'excès de virtuel est trop souvent un moyen de fuir quelque chose comme une situation familiale difficile ou le sentiment de vide intérieur.

Quand une personne, absorbée par le monde virtuel, en vient à s'isoler, il ne faut pas hésiter à demander de l'aide et à alerter rapidement l'entourage. La communication avec l'autre, quand elle est encore possible, permet dans la plupart des cas d'atténuer ce sentiment de tristesse et d'isolement.

Il ne faut pour autant pas rendre le virtuel responsable de tout ! Cette tendance humaine à surestimer le bonheur des autres n'est pas nouvelle. Bien avant l'omniprésence des réseaux sociaux, Montesquieu disait déjà au XVIIIe siècle, dans *Mes Pensées* : « Si on ne voulait qu'être heureux, cela serait bientôt fait. Mais on veut être plus heureux que les autres, et cela est presque toujours difficile parce que nous croyons les autres plus heureux qu'ils ne sont. » Les réseaux sociaux n'ont fait qu'exacerber cette tendance. À nous de ne pas tomber dans le piège !

L'EXERCICE POUR SAVOIR CE QUE VOUS VÉHICULEZ

Je vous propose un exercice interactif à réaliser avec une ou plusieurs personnes de votre entourage. L'objectif est d'avoir une vision claire de l'image que vous véhiculez.

Choisissez une personne et demandez-lui de répondre à ces cinq questions. La personne désignée lit elle-même à haute voix les cinq questions.

« Sur une échelle de 1 à 10, comment me situez-vous ?

1. Comme une personne confiante ?
2. À votre écoute quand vous avez besoin de vous confier ?
3. Sociable quand elle est dans un environnement nouveau ?
4. Épanoui(e) et heureux (se) ?

5. Généreux(se), altruiste et capable de donner sans recevoir ? »

Une fois que vous aurez connaissance des réponses, vous passerez peut-être par certaines prises de conscience qui vous renforceront dans l'idée d'un changement (ou pas) et vous éloigneront de l'image virtuelle véhiculée par celle des réseaux sociaux !

Créez une dynamique collective

Lorsque je participe à une conférence, je suis souvent très étonné de ne pas être épuisé à la fin. Au contraire, dopé par les interactions du groupe et sa dynamique, je sens que mon énergie est plus importante qu'au départ. J'ai même parfois le sentiment d'avoir progressé, changé en mieux ! Peut-être avez-vous, vous aussi, déjà ressenti cela ?

Tout commence par l'intention de départ, la raison d'être de la rencontre, qui déclenche l'ouverture vers l'autre et conduit à un certain état de présence de chacune des personnes impliquées. C'est ainsi que naît un véritable dialogue, une collaboration, qui, si elle est entretenue et voulue par tous, tend à relier en profondeur les participants. Ce sont les liens tissés entre eux qui alimentent le groupe en énergie, perceptible pour autrui.

ENZO, PLUS SUIVEUR QUE LEADER

Introverti et timide, Enzo a 35 ans. Alors qu'il vient d'être nommé pour diriger un grand hôtel suisse, il ne savoure pas sa réussite car il ne sait pas comment fédérer une équipe composée de quarante personnes. Paniqué, il a le regard fuyant et le corps figé. Il n'a jamais eu, selon lui, « l'étoffe d'un leader » mais plutôt celle d'un « suiveur ». Sa légitimité à ce poste est le fait de « sa loyauté ». Comment va-t-il réussir à devenir ce meneur d'hommes, capable de créer une dynamique collective et ainsi de remporter l'adhésion de son équipe ?

Je lui demande d'identifier les aptitudes et les compétences de chacun des membres de son équipe. Au fil des semaines, Enzo identifie cinq collaborateurs clés sur lesquels il va pouvoir s'appuyer pour coordonner la gestion de l'hôtel. Ce cercle restreint de collaborateurs va lui permettre de déléguer certaines tâches pour se concentrer sur l'essentiel de sa mission : le rayonnement de l'hôtel. Cette nouvelle organisation qu'il met en place devient source d'adhésion au sein de ses équipes. Malgré des débuts hésitants, la magie opère quand tous réalisent combien il est essentiel d'atteindre un but commun, porteur de changements tant individuels que collectifs.

Comment créer et entretenir une dynamique de groupe, favorisant des prises de décisions collégiales, sources de changement ?

On distingue 3 étapes pour favoriser cette dynamique collective.

1. **Travailler pour une vision et un but communs.**
Savoir où l'on va est essentiel à toute dynamique durable. C'est le rôle du leader de communiquer efficacement ses intentions pour le mieux-être du groupe.
2. **Favoriser une communication directe.**
Il faut aller dans le vif du sujet, même si cela peut parfois engendrer quelques altercations. Tentez de faire naître un dialogue profond pour mettre en place une vraie collaboration. Ce sont ces liens tissés qui alimentent le groupe en énergie et développent un climat de confiance, favorable à une meilleure productivité.

3. **S'ouvrir aux autres.**
Cette attitude implique d'être soi-même, authentique, présent, c'est-à-dire capable d'une grande qualité d'écoute (qui se rapproche du silence) et d'avoir une prise de conscience.

Ces trois étapes permettent d'entrevoir quelque chose de plus grand que l'individu, pris en tant qu'entité : une sorte d'état collectif qui apparaît comme une source d'inspiration ayant le potentiel de soutenir les futures actions communes. De là peut émerger une forme d'intelligence collective. La dynamique d'un groupe est en effet intimement liée à l'intelligence collective, cette capacité humaine à coopérer sur le plan intellectuel pour créer, innover, inventer. On peut l'observer également chez les animaux. Les oiseaux migrateurs parcourent de très longues distances, dans des conditions parfois extrêmes. Pour conserver leur niveau d'énergie, certains adoptent des formations en V qui leur permettent d'étendre leur distance de vol de près de 70 %. Ainsi, chaque oiseau prend l'aspiration de son prédécesseur, comme le font les cyclistes. Ils utilisent l'intelligence collective.

La capacité à fédérer un groupe autour d'un but commun est essentielle pour réussir à créer une dynamique collective intelligente. Cette dimension, le maire de la ville japonaise d'Iwate, M. Masuda, l'avait bien intégrée. En 2001, rien n'allait plus dans sa ville : les usines fermaient les unes après les autres. M. Masuda eut l'idée d'inviter ses administrés à rassembler leurs idées dans des « boîtes à suggestions » pour faire de leur cité une « *slow city* » (ville lente). Une ville « où les gens rentrent tôt à la maison, se promènent en famille et bavardent avec leurs voisins ». En moins de dix ans, Iwate est devenue la première ville du Japon pour le tourisme dit écologique et dans le domaine des énergies renouvelables. La clé de la réussite de ce rebond : l'intelligence collective des 8 810 habitants d'Iwate !

PORTRAITS CROISÉS

Gisèle : une revanche sur la vie

Gisèle a un rêve : fonder son propre réseau de salons de coiffure. Comment créer une dynamique collective pour cette jeune femme que la vie n'a pas épargnée ? En effet, la mort a accompagné la trajectoire de Gisèle. Durant l'été 1994, ses parents ont tous deux été victimes du terrible génocide rwandais. Arrivée en France à l'âge de 5 ans, elle est adoptée et élevée par un jeune couple bordelais. Son père est alors médecin généraliste et sa mère encore étudiante en médecine. Lorsque Gisèle a 8 ans, sa mère adoptive est emportée par un cancer foudroyant. Effondrée, Gisèle se replie sur elle-même. La chance ne fait définitivement pas partie de sa vie. Son seul moment de réconfort, elle le trouve en se réfugiant dans les bras de son père, dès qu'il rentre de son cabinet. Peu à peu, elle se forge la croyance qu'elle est née sous une mauvaise étoile et que la vie n'a pas été juste avec elle. Ses résultats scolaires sont mauvais. À 12 ans, elle découvre la coiffure en observant discrètement après l'école, derrière les vitrines des salons, le mouvement des ciseaux et la magie des colorations. Adolescente, elle se consacre pleinement à l'apprentissage de ce métier. Elle est convaincue qu'elle doit être « plus que parfaite » pour être acceptée dans cet univers. Dès sa majorité, Gisèle intègre une grande enseigne dans le centre-ville de Bordeaux. Perfectionniste, elle s'investit sans compter, avec rigueur et acharnement.

Quand elle me rencontre, Gisèle a 28 ans. Sa responsable lui propose de reprendre les rênes du salon. Derrière le ton grave de sa voix, son regard est brillant et plein d'espoir. Elle me fait part de sa difficulté à faire le deuil de l'injustice subie par ses parents, victimes de la guerre au Rwanda. Ce type de blessure se structure essentiellement pendant la petite enfance. L'enfant développe la croyance qu'il faut être « parfait » pour être accepté. Il se coupe de ses ressentis et a des difficultés à faire confiance ou à demander de l'aide à quelqu'un tant il se sent coupable. Adulte, il se met dans la posture du compétiteur. Le point positif de cette blessure est que ces personnes vont jusqu'au bout de l'expression d'elles-mêmes, souvent avec succès !

Je demande à Gisèle d'essayer de raconter son histoire à une personne de confiance. Elle accepte, non sans mal, de le faire avec l'une de ses collègues. Elle me confie à la séance suivante qu'elle s'est littéralement effondrée en larmes. Un premier pas est franchi. Je la félicite pour son implication : « Votre récit est une chance pour les autres, le partager est un cadeau que vous leur faites ! » Son regard s'illumine. Sans le savoir, Gisèle a le pouvoir de montrer aux autres que tout est possible. Elle est en est la plus belle ambassadrice.

En dépassant la croyance qu'elle est née sous une mauvaise étoile, qui entretient son sentiment d'injustice, elle pourra réaliser son rêve ! Au fil des séances, je sens qu'elle accepte de recevoir d'autrui. Elle me raconte que ses collègues l'invitent régulièrement à des soirées. Elle se sociabilise et se crée un cercle d'amis bienveillants. De quoi la renforcer.

Je remarque également chez elle une forte aptitude à transmettre son savoir et à animer la vie de son équipe. Je lui demande :

« Qu'est-ce qui vous motive le plus ?

— Sentir que les autres progressent grâce à moi !

— Quel est votre rêve ?

— Développer mes propres salons de coiffure !

— Pourquoi ?

— Pour prendre une revanche sur la vie ! »

À ce stade, j'ai le sentiment que Gisèle devient autonome et capable d'aborder ce nouveau challenge. Je lui suggère de s'appuyer sur son histoire personnelle et de la raconter tel un récit, pour séduire de futurs investisseurs. « L'authenticité avec laquelle vous allez raconter votre parcours est inspirante et va renforcer votre capacité à fédérer investisseurs, partenaires mais aussi vos futures équipes ! »

Aujourd'hui, Gisèle a créé un réseau de trois salons de coiffure franchisés. Elle est un modèle pour eux. Ses salons ont une forte identité qui repose sur un mélange de culture africaine traditionnelle et de modernité. En provoquant l'admiration des autres, elle a su générer des capitaux extérieurs et fédérer de nombreux talents. Elle a mis en place un comité exécutif où chaque franchisé participe de manière collégiale à l'amélioration du réseau. La communication est au cœur de son style de management. C'est ainsi qu'elle impose ses idées, tout en donnant à chacun le sentiment de décider par lui-même. Elle suscite des initiatives qui galvanisent tout le monde d'où un succès qui ne démérite pas.

Aung San Suu Kyi : une vie de dévouement et de résistance au service des autres

À la recherche constante du dialogue avec l'autre, cette femme montre un courage physique et mental hors du commun. Combattante pacifique, elle réussit à convaincre le pouvoir en place d'accepter enfin la libération du peuple birman et change le cours de l'histoire de son pays.

Retour en arrière. Le 19 juillet 1947, six mois avant l'indépendance de la Birmanie, son père, le général Aung San, partisan de l'indépendance, est assassiné par un rival politique. Sa mère part vivre avec ses trois enfants à Rangoun, à l'époque capitale du pays. Aung San Suu Kyi est alors âgée de 2 ans. L'un de ses frères meurt accidentellement six ans plus tard.

Adolescente, Suu Kyi suit un cursus de politique et d'économie en Grande-Bretagne et obtient un doctorat (PhD). À 22 ans, elle part à New York et devient assistante aux Nations unies. Elle épouse un Britannique, Michael Aris, avec lequel elle a deux enfants.

En 1988, elle part rejoindre sa mère hospitalisée en Birmanie. Elle prend alors conscience de la grande pauvreté et des massacres provoqués par la dictature militaire. Quelques mois après le soulèvement du peuple birman, qui exige la fin de la dictature, Suu Kyi décide de se dédier totalement à la libération de son pays. Sous la pression des mouvements étudiants, elle met en place une dynamique collective d'opposition, influencée par la philosophie non violente du mahatma Gandhi. Son aptitude à rechercher constamment le dialogue lui permet d'obtenir la levée de la loi martiale. Elle revendique la fin du parti unique et l'organisation d'élections libres. Le peuple birman se rassemble massivement derrière elle.

Grâce à son leadership, elle conquiert la foule et cristallise tous les espoirs de liberté et de justice. Sa capacité à tisser des alliances lui permet d'obtenir l'appui d'anciens officiers pour la mise en place d'un gouvernement intermédiaire et la création d'un parti politique, la Ligue nationale pour la démocratie (LND). Mais le pouvoir, inquiet devant l'immense adhésion du peuple, la fait arrêter. Il lui propose de la libérer si elle quitte le pays. Elle refuse. Il la place alors en résidence surveillée.

Le gouvernement militaire fixe la date de nouvelles élections au 27 mai 1990. À la grande surprise du gouvernement assuré de son succès, le parti d'Aung San Suu Kyi remporte les élections avec près de 60 % des voix !

L'armée refuse pourtant de reconnaître ce résultat et prolonge d'une année la détention surveillée de la gagnante incontestable. En octobre 1991, le monde entend enfin ses nombreux combats pacifiques et lui décerne le prix Nobel de la paix. Elle est libérée en juillet 1995, mais se voit refuser le droit de revenir en Birmanie si elle vient à quitter le pays. Deux ans plus tard, son mari malade ne peut la visiter et Aung San Suu Kyi ne peut sortir. Son mari meurt en 1999 sans qu'elle ait pu le revoir.

Ses enfants vivent toujours au Royaume-Uni. Elle est à nouveau arrêtée en 2000 et libérée deux ans plus tard avant d'être prise dans une embuscade un an plus tard puis à nouveau placée en détention, enfin assignée à résidence jusqu'en novembre 2010.

Dans son excès d'altruisme, l'opposante birmane parle du « sacrifice » qu'a représenté son engagement politique pour son mari et ses enfants. « Je ne me sens pas fière de cela mais en même temps je pense qu'il faut décider de ses priorités et assumer ses décisions », a ajouté le prix Nobel de la paix, qui a passé ses deux décennies d'isolement loin de ses deux fils, Alexander et Kim, âgés aujourd'hui respectivement de 44 et 40 ans, ne les voyant qu'à de rares occasions.

En 2013, la Constitution birmane ne lui permet pas de se présenter à l'élection présidentielle, son époux ayant été de nationalité britannique. À défaut elle est nommée ministre des Affaires étrangères et ministre de la Présidence.

Symbole du dévouement au service des autres, Aung San Suu Kyi a largement contribué à libérer son peuple. Elle dira à ce sujet : « En aidant les autres, vous apprenez à vous aider. »

LOI 7

N’oubliez pas que du chaos naissent les étoiles…

Redevenez acteur de votre changement

Le monde actuel est emporté par un flot de changements sans précédent et qui va en s'accélérant. Qu'il s'agisse d'harmoniser les relations familiales, de rendre les rapports humains au sein de l'entreprise efficaces et épanouissants ou de maintenir la cohésion du tissu social, les solutions d'hier sont devenues obsolètes. Pire, elles sont pour partie à l'origine des problèmes d'aujourd'hui. Comment accepter les bouleversements et vous y adapter ? En vous inspirant du principe mis en lumière par le philosophe Friedrich Nietzche : « Il faut porter encore en soi un chaos pour pouvoir mettre au monde une étoile dansante. » Je vous propose d'explorer ensemble les clés les plus pertinentes pour l'affronter, le transformer et redevenir l'acteur de votre changement.

Les six chapitres précédents vous ont appris à surmonter vos peurs ; à oser rêver votre nouveau futur ; à jongler avec votre intuition ; à écouter vos émotions ; à apprivoiser votre ego et enfin à vous appuyer sur les autres. Tous, chacun à leur manière, vous ont préparé à accepter l'imprévu : le chaos.

De la destruction à la création d'une vie meilleure

Le chaos est l'épreuve ultime : il est créateur ou destructeur. Dans tous les cas, il y a un avant et un après-chaos. Imprévisible, il emporte tout sur son passage. Même si, dans certains cas, on le sent s'installer progressivement, on n'est jamais totalement préparé à l'affronter. Pourtant, si nous inversons cette dynamique destructrice, le chaos devient une alerte porteuse de changement positif. Il oblige à l'évolution, au changement. Il offre l'opportunité unique d'un nouveau départ.

Si vous ne faites pas un travail sur vous-même à cet instant de votre vie, immanquablement, le chaos vous emportera. Ses dommages seront peut-être irréversibles. Le chaos oblige à déployer de nouvelles sources d'énergie et de connaissances, favorisant notre évolution. Il est donc source de création. Comme nos vies, il est en mouvement perpétuel. Dès que vous vivez un succès ou atteignez un objectif, vous désirez déjà aller plus loin. Votre nouvelle condition vous fait voir la vie sous un angle différent. C'est le signe clair que vous avez progressé et que votre vision s'est élargie. C'est à cet instant qu'un nouveau chaos peut s'installer !

Le chaos offre l'opportunité unique d'un nouveau départ.

Penchons-nous sur le phénomène du big bang : au commencement, il y a quelque 14 milliards d'années, l'explosion qui s'est produite a donné naissance à l'univers (et à notre galaxie la Voie lactée), composé de 200 milliards de galaxies. Chaque point brillant de ces galaxies est une étoile. Notre soleil, étoile parmi les étoiles, apporte une énergie rayonnante qui permet le développement de la vie.

J'aime penser que nos rêves, nos envies et nos espoirs suivent le même parcours que les étoiles de nos vies. Si l'on y regarde bien, chaque changement est précédé d'un chaos : la création, les changements de saison, l'eau qui s'évapore, le passage d'un jeune à l'âge adulte, un changement de carrière... C'est l'ordre naturel de nos vies, qu'on pourrait schématiser ainsi :

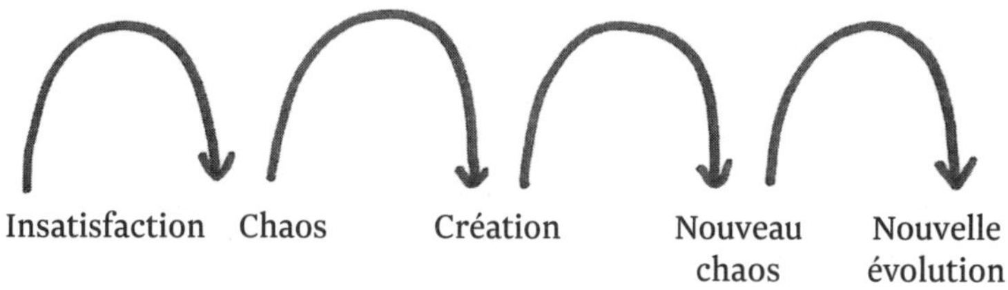

Je l'ai déjà évoqué : à un moment de ma vie, le chaos m'a submergé : séparation, échec professionnel, dépression...

Les premiers moments du chaos m'ont aveuglé. Je ne voyais que les conséquences négatives. Tout semblait m'échapper, car je ne maîtrisais plus les éléments. Le chaos m'a mis à bout de souffle. J'ai eu impression que les fondations sur lesquelles j'avais construit ma vie s'écroulaient. Oui, je peux le dire, la peur m'a envahi, oui mon ego a été touché, oui mes émotions m'ont submergé, mais ce cataclysme m'a permis de redonner un sens à ma vie. J'ai enfin fait l'expérience d'être moi. Par sa brutalité, le chaos m'a appris à ressentir mes émotions et m'a permis de retrouver mes valeurs. J'ai pu me redéfinir, oser, créer, inventer et explorer mes limites. De ce chaos est née une vie insoupçonnée : bien meilleure et surtout plus riche de sens ! Aujourd'hui, je vis au présent, une seule journée à la fois : je vis là où toute la vie se passe.

Renouez avec votre enfant intérieur

Après une épreuve, la vie devient très lourde, notre mental (intellect) décide de notre comportement. Pour dépasser le chaos, retrouver son enfant intérieur – la partie de notre personnalité qui garde une sensibilité infantile et candide –, constitue une étape décisive vers une quête de sens, un renouveau. Vous allez le comprendre avec l'exemple suivant.

JEAN-MARC, EN MARCHE VERS LA SÉRÉNITÉ

Jean-Marc a 35 ans. C'est un jeune designer que j'accompagne depuis trois mois dans sa vie professionnelle. Dès l'entrée dans son bureau, je remarque son visage éteint. Il me dit : « Je n'arrive pas à me reconstruire depuis la mort de ma femme. Je tourne en rond ! » Sa femme, âgée de 30 ans, est morte d'un cancer il y a un peu plus d'un an. Jean-Marc semblait pourtant avoir retrouvé une certaine dynamique ces dernières semaines. À cet instant, je le sens replié sur lui-même et incapable de se projeter vers le futur.

Je tiens à m'assurer que Jean-Marc est toujours suivi par son médecin psychiatre. Il me répond qu'il est toujours sous antidépresseur. Parfois, le rythme intense de nos vies professionnelles et la douleur sont tels qu'une prise en charge médicale est indispensable pour éviter de laisser nos symptômes (sommeil altéré, anxiété, crises de panique) nous enfoncer dans une spirale destructrice, voire suicidaire. À certains moments de nos vies, il est essentiel d'appréhender le médicament uniquement comme une « béquille » temporaire, qui nous aide à franchir la première marche.

À la fin de notre entrevue, Jean-Marc me repose la question : « Que dois-je faire pour avancer ? » Je lui parle du rapport à la mort qu'a l'enfant. Pourquoi ? Parce que, même si parfois il y a rechute, Jean-Marc a déjà amorcé une phase ascendante où la quête de sens est indispensable à son renouveau. Les enfants ont un don inné pour dépasser cet état sans crainte. C'est ainsi qu'ils se menacent mutuellement de l'éventualité de mourir et sont capables de dire en face d'une personne aimée des paroles telles que : « Papa, quand tu seras mort, je deviendrai ceci ou cela ». Dans mon élan, me revient la phrase de Charles Baudelaire : « Le génie, c'est l'enfance retrouvée à volonté. » Jean-Marc peut alors s'autoriser à retomber dans cet état d'émerveillement et de découverte en lâchant totalement prise ! Son regard amusé (peut-être par mon discours enthousiaste) est déjà un petit pas vers la dernière étape : la sérénité.

Réalisez que vous ne pouvez pas tout contrôler. Notre monde est désordonné, chaotique, douloureux et parfois triste... Et pourtant il est aussi magnifique, tel qu'il l'est. La vie n'est pas quelque chose de statique, mais un flux bouillonnant, continu et en mouvance, désordonné et chaotique, mais toujours étonnant. Il y a une beauté en chaque chose qui nous entoure alors, même dans l'épreuve, donnons-nous l'autorisation de lâcher prise et de goûter à la vie avec l'insouciance de l'enfance. Comme le dit si justement le chanteur Renaud : « Et sauter dans les flaques pour la faire râler / Bousiller nos godasses et s'marrer... Et les Mistral gagnants. »

Surmonter un deuil

Il n'y a rien de pire que de perdre un être cher. Parfois les mots sont vains. Nous avons beau savoir que tout dans la vie est impermanence, le choc provoqué par la mort génère une réponse émotionnelle qui sera fonction de l'intensité de sa charge et de notre capacité à l'assimiler en tant qu'individu. Le processus de deuil, décrit par la psychiatre helvético-américaine Elisabeth Kübler-Ross, commence par une phase « descendante » : c'est le choc, assorti du déni, de la colère, de la peur et de la tristesse. Nous sommes alors dans le refus et tourné vers le passé. Puis vient la phase « ascendante » : commencent l'acceptation, le pardon, le renouveau et la sérénité. Notre attitude est orientée vers l'action et le futur. Le deuil est un processus actif. D'ailleurs, on emploie communément l'expression « faire le deuil ». Cette prise de conscience permet en effet d'amorcer une démarche dynamique, une spirale d'évolution permettant de voir le changement comme une source de nouvelles opportunités. En résumé, un processus permettant de s'approprier le changement au lieu de le subir !

Courbe des étapes du deuil

(inspirée des travaux d'Elisabeth Kübler-Ross).

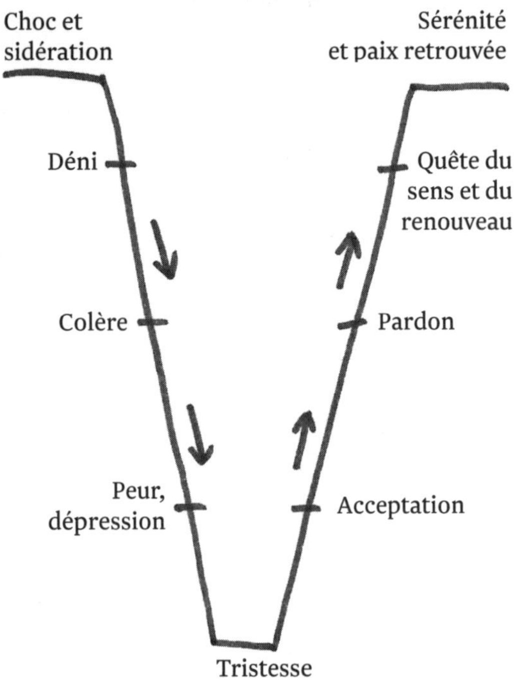

Pour en revenir à l'enfance, l'enfant est heureux car il est ancré dans l'instant présent. Il ne pense pas au lendemain. L'enfant n'est pas encore influencé par le monde des adultes. Il vit le moment présent. Il est comme un oiseau qui veut apprendre le plus vite possible à voler de ses ailes afin de faire ses propres expériences. Il n'analyse ni le comment ni le pourquoi. C'est en grandissant que l'enfant commence à se questionner en demandant « pourquoi ». Il prend conscience du monde des adultes en observant leurs comportements. Parfois déconcerté, il cherche à comprendre. Alors naissent les peurs en lui ; il commence à raisonner comme un adulte. Il perd une part de sa spontanéité et de sa capacité à oser. Quel dommage...

Adultes, nous développons notre sens critique et nous laissons parfois de côté notre créativité, notre libre-pensée. Être créatif, ce n'est pas nécessairement « inventer » quelque chose, c'est aussi savoir ce que nous voulons et décider de passer à l'action.

Vous aussi, vous pouvez reprendre contact avec votre enfant intérieur quand un chaos vous atteint. Pour cela, écoutez attentivement votre enfant intérieur !

L'EXERCICE DU RÊVE DE L'ENFANT

Avec cet exercice, redonnez un sens à la vie ! Imaginez que vous êtes un acteur et que vous devez jouer le rôle de votre enfant intérieur.

1. Visualisez-vous enfant. Installez-vous dans la période ou le moment où vous étiez le plus heureux.

2. Quel est votre rêve à cet instant précis ? Notez-le – vous rêviez peut-être de devenir acteur, danseur, pompier, maîtresse, etc.

3. Engagez-vous solennellement à prendre en compte votre rêve d'enfant dans votre vie d'adulte. (Vous pouvez décider de faire du théâtre, de la danse, du bénévolat...)

4. Faites chaque jour un pas qui tend vers ce rêve. Derrière lui se cache votre quête de sens, indispensable à votre changement. Cela peut être regarder votre scène de film préférée, inviter un proche à sortir, danser ou aider une personne âgée en lui ouvrant la porte...

Si cet exercice vous déroute ou vous met mal à l'aise... c'est la preuve certaine que vous avez besoin de laisser s'exprimer votre enfant intérieur !

Acceptez l'inattendu, pour voir plus grand

La plupart des gens acceptent facilement les changements qui les arrangent : davantage de confort matériel, de notoriété, de temps... à condition qu'il n'y ait pas trop d'énergie à déployer. Nous aimons les choses bonnes pour nous, à condition qu'elles soient facilement accessibles. La bonne nouvelle, c'est que le changement que l'on perçoit d'abord comme chaotique peut s'avérer réellement bénéfique !

Prenons l'exemple des volcans : ils sont l'incarnation d'un chaos porteur de changements positifs. Quand un volcan entre en éruption, il crache des cendres et de la lave qui causent souvent la destruction, mais ce chaos ouvre la porte à de plus grandes possibilités : la lave refroidie devient de la roche, fertilise la zone, crée de nouveaux habitats pour les animaux et différentes créatures et leur permet d'exister.

Il faut bien comprendre que, souvent perçu comme synonyme de bouleversement et de désordre, le chaos n'est en définitive pas notre ennemi. Au contraire, il nous alerte et nous oblige au mouvement ! Qu'il s'agisse d'une rupture amoureuse, de l'annonce d'une maladie, de la perte subite d'un proche, d'un travail... Toutes ces situations viennent brutalement déstabiliser le cours de l'existence. Pourtant, accepter l'inattendu, c'est une façon de s'ouvrir à la nouveauté et de découvrir, émerveillé, que la vie a bien plus de force et d'imagination que nous.

La vie a bien plus de force et d'imagination que nous.

Je me souviens d'une amie me racontant son retour de Katmandou. Elle venait d'échapper au tremblement de terre de magnitude 7,8, qui avait fait près de 8 900 morts au Népal le 25 avril 2015. Frédérique avait frôlé la mort. Encore perturbée, elle avait fondu en larmes en me racontant son périple. Je lui avais proposé un exercice pour l'aider à exprimer ses émotions. « Essayons ensemble de mettre des mots sur l'objet de tes peurs à cet instant précis. » Après avoir réfléchi un long moment, elle avait dit : « Ce dont j'ai vraiment peur au fond, c'est d'être séparée de mes parents. »

Peu importent les épreuves que Frédérique a traversées, elle a compris à cet instant qu'elle avait besoin de ses parents à ses côtés. Elle a mis le doigt sur sa plus grande peur : « L'idée de les perdre me fait trembler d'angoisse. » Frédérique a besoin d'être avec eux, tout simplement. « Je n'attendrai pas la prochaine catastrophe pour m'en souvenir. »

Elle a vécu cette expérience fondatrice. Ce sentiment d'urgence est désormais gravé et c'est tant mieux. Elle prend désormais le temps de rendre visite à ses parents toutes les semaines. Elle apprécie ces moments de simplicité. Elle sait maintenant que chaque moment passé avec eux est un puissant stimulant pour son équilibre. Auparavant, Frédérique dépensait son énergie à vouloir tout contrôler. Lorsque cette catastrophe s'est abattue sur elle, elle s'est sentie vide. Depuis ce jour, elle ne veut plus passer à côté de l'essentiel : ses racines.

Se recréer un monde, c'est se restructurer soi-même. Un peu comme si notre esprit créateur changeait de « logiciel », de mode de pensée. Il faut souvent perdre quelque chose pour se trouver, puisqu'il ne s'agit pas de suivre des chemins tout tracés, mais d'en découvrir ou d'en inventer de nouveaux.

Il faut souvent perdre quelque chose pour se trouver, puisqu'il ne s'agit pas de suivre des chemins tout tracés, mais d'en découvrir ou d'en inventer de nouveaux.

Nous essayons trop souvent de fuir le chaos ou de l'assimiler à une façon de créer de l'ordre, sans comprendre que nous restreignons l'horizon de nos vies pour pouvoir le contrôler. Et si quelque chose de plus grand était possible ? Tout mettre en ordre est une façon de tout contrôler pour se rassurer. La vertu du chaos est qu'il peut laisser place à une immensité non ordonnée de possibilités. C'est seulement dans cet espace que votre volcan entre en éruption et crée le changement !

Recentrez-vous sur l'essentiel : vous-même

Nous portons trop souvent notre attention sur ce qui se passe à l'extérieur de nous : la tempête économique et sociale ainsi que les crises politiques ne cessent de s'amplifier. À cela s'ajoutent les changements climatiques ou encore le risque d'une catastrophe nucléaire ou terroriste. Ce climat contagieux contribue à nous polluer et à diminuer notre puissance créatrice. Comment ne pas se laisser gagner par la morosité ambiante ?

Apprenons à regarder le verre à moitié plein ! Beaucoup de choses évoluent positivement autour de nous : la grande pauvreté diminue, de nouvelles structures économiques, sociales, politiques et médicales, fondées sur le partage et la coopération entre les peuples, se multiplient. Pour contribuer à accentuer cette dynamique collective, vous devez être en paix et connecté avec vous-même. C'est cette connexion qui va vous permettre de retrouver votre pouvoir de création en dépit des circonstances extérieures.

Comment y parvenir ? Chaque fois que vous vous sentez bousculé par des événements extérieurs, prenez l'habitude de vous « brancher » sur vous-même. Votre regard sur ce qui vous arrive va changer et vous serez alors témoin de changements dans votre vie.

En réalité, il s'agit d'apprendre à voir tout ce qui vous arrive comme une expérience, et non comme une calamité sur laquelle vous n'avez aucun contrôle. Vous devez prendre la responsabilité de ce qui vous arrive, de vos créations (les relations et les circonstances que vous attirez à vous et que vous avez vous-même créées). Alors seulement vous redeviendrez acteur de votre réalité.

Se recentrer sur l'essentiel prend alors toute sa signification : il faut concentrer votre énergie et votre attention sur ce qui est sous votre contrôle ou votre influence. De cette manière, vous éviterez de vous épuiser à vouloir contrôler des facteurs sur lesquels vous n'avez pas de prise.

C'est ici qu'entre en scène la règle des 3 C, qui résume les trois écueils à éviter : comparer ; critiquer ; cogiter.

- **Comparer** : c'est se définir par rapport aux autres et non en fonction de ses valeurs personnelles.
- **Critiquer** : cette attitude est toxique quand nous la laissons nous envahir ou que nous l'utilisons contre les autres. Pour être efficace, l'énergie doit partir de soi pour aller vers les aspirations profondes du « moi » : la recherche de notre bien-être et celui de nos proches.
- **Cogiter** : cela ne fait que nous conduire à des ruminations mentales, diminue notre énergie et puise dans nos réserves au détriment de notre force d'action.

C'est en vous concentrant sur vous-même, en exprimant votre nature profonde, que vous trouverez cette puissance en vous. Car, en réalité, vous êtes le seul maître à bord. Il vous appartient de décider, dès maintenant, ce que vous désirez être et accomplir !

Décidez, dès maintenant, ce que vous désirez être et accomplir !

L'altruisme, ou l'effet papillon

La nature est altruiste par définition : le bon fonctionnement de notre corps repose sur une relation altruiste entre nos cellules et nos organes où, sans échange, la vie ne peut exister.

Or l'altruisme est souvent assimilé à la naïveté. Pourtant, à quoi mène l'ingratitude ? Au chaos. Certes, dans un premier temps, on peut obtenir des résultats, en termes de réussite financière ou de pouvoir notamment. Mais en affirmant constamment notre puissance au détriment des autres, cette attitude négative nous entraîne dans un cercle vicieux, parfois fatal comme le montrent quantité de faits divers et d'histoires tirées de l'actualité. Manquer de générosité, c'est donc jouer contre nous-même. Jean-Jacques Rousseau le notait dans ses *Rêveries du promeneur solitaire* : « Je sais et je sens que faire du bien est le plus grand bonheur que le cœur humain puisse goûter. »

L'altruisme est un antidote puissant contre le chaos. Face à la frénésie marchande de notre société, le changement passe par une vision différente de la vie : l'humain et la nature doivent être au cœur de nos préoccupations. Doit-on forcément passer par le chaos pour devenir altruiste ? Non, pas nécessairement si nous sommes capables de développer un comportement individuel responsable et bienveillant. Pour cela, il est impératif de canaliser nos pulsions négatives, sources de méchanceté, en les transformant en ambition « non violente » ou en courage tourné vers le dépassement au service de tous. Chacun faisant cet effort d'amélioration de soi-même contribuera ainsi à faire évoluer la société : c'est que l'on appelle également « l'effet papillon ». Erward Lorenz, météorologue américain, développe l'idée qu'un battement d'aile d'un papillon au Brésil pourrait provoquer une tornade au Texas. Ainsi, un simple geste de notre part a le pouvoir de changer positivement notre environnement. Ou, comme disait le mahatma Gandhi : « Sois le changement que tu souhaites voir en ce monde. »

Il semble donc que l'altruisme puisse, par voie de conséquence, nous apporter une forme d'épanouissement collectif et individuel à long terme. Ce n'est pas une question de budget, ni même de temps. Le monde des possibilités est infini. Il s'agit tout simplement de laisser aller son cœur. Donner son attention nous rapporte autant qu'à la personne qui la reçoit.

Il nous faut aussi ancrer cet altruisme dans la pratique, mettre en œuvre cet état d'esprit, par des actes au quotidien. Petit à petit, la répétition aidant, ces actes sont amenés à nous transformer. Il y a tant d'occasions de faire plaisir simplement : un doux regard, un compliment, un geste, un appel, une visite surprise... L'idée est de faire sentir à votre interlocuteur qu'il mérite d'être écouté pour ce qu'il est. Nous avons tous le droit d'être choyés à un moment de notre vie !

Voici les résultats d'une enquête américaine rapportée par le *New York Times* en 2012, dont l'un des objectifs était d'éclaircir un « grand mystère » managérial : qu'est-ce qui fait qu'une équipe de travail est source de richesse pour l'entreprise ? Après avoir étudié plus de cent équipes sur plus d'un an, les chercheurs en sont arrivés à une conclusion simple : les meilleures équipes sont celles où les gens sont bienveillants les uns envers les autres. Grâce à la bienveillance, les équipes seraient plus soudées et le risque de crise au sein de l'entreprise réduit.

L'altruisme constitue donc l'une des meilleures chances de survie pour l'espèce humaine. Nous avons tout à gagner à être bons envers celles et ceux qui nous entourent, et tout à perdre à ne pas l'être.

Le pouvoir de nos pensées

Avez-vous entendu parler de la loi de l'attraction ? « Si vous voulez être heureux, soyez-le », disait l'écrivain Léon Tolstoï. La pensée positive est une théorie qui s'appuie sur nos convictions. Si l'on est persuadé que de bonnes choses vont nous arriver, toutes les énergies se mettront alors en mouvement pour créer un cercle vertueux.

Notre état d'esprit crée-t-il notre réalité ? C'est ce qu'affirme cette « loi de l'attraction », présentée par certains comme la clé du bonheur ou de notre propre chaos si on la retourne contre soi-même. De quoi s'agit-il ? Cette règle de vie part du principe que tout, dans l'univers, est constitué d'énergie et émet une fréquence. Ainsi, nos attitudes et nos pensées ont des vibrations qui ont la capacité d'agir sur notre environnement et d'attirer à nous les gens et les expériences qui reflètent notre état d'esprit. Des études menées à Harvard ont ainsi montré que, si les gens heureux ont tendance à avoir des amis heureux, ce n'est pas uniquement parce qu'ils choisissent de s'entourer de personnes épanouies, mais bien parce que le bonheur est contagieux !

Les sentiments négatifs comme la colère, la jalousie ou la culpabilité induisent de mauvaises vibrations qui attirent le chaos, alors que l'enthousiasme ou la gratitude sont à même de nous porter positivement. L'intégralité de ce qui nous arrive – le meilleur comme le pire – répond à nos pensées et à nos comportements. Si vous avez une vie chaotique, c'est peut-être que vous avez décidé de l'accepter. Assumer votre responsabilité sur votre environnement vous donne le pouvoir de le changer ! L'argument est néanmoins difficilement audible lorsque l'on naît dans un milieu défavorisé. C'est le cas d'Eva.

EVA, OU L'URGENCE DE VIVRE COMME SI CHAQUE JOUR ÉTAIT LE DERNIER

Enfant, Eva était extrêmement complexée par rapport à ses amies toujours bien habillées. Elle se sentait isolée et repliée sur elle-même. Plus tard, son existence entière était en faillite :

vie sentimentale chaotique, problèmes de santé, incertitudes professionnelles… Elle ne voyait pas d'issue. À l'âge de 25 ans, un événement dramatique arrive subitement : sa meilleure amie meurt dans un accident de voiture. Très vite, ce chaos agit comme un électrochoc sur elle. Elle prend conscience de la fragilité de l'existence et décide de briser sa spirale destructrice. Eva change radicalement d'attitude. Elle décide de vivre comme si chaque jour devait être le dernier. Elle porte son attention sur des objectifs positifs, atteignables et inspirants : elle souhaite travailler dans une association internationale. Chaque jour, elle fait un pas en direction de cet objectif. Deux ans plus tard, elle intègre une institution spécialisée dans l'éducation, la science et la culture : l'UNESCO.

Nous avons trop souvent tendance à sous-estimer le pouvoir du moment présent. Nos actions ne sont plus dictées en fonction de notre conditionnement mental (peurs et croyances limitantes), mais en fonction de notre conscience dans le moment présent.

La scène finale de *Vanilla Sky*, un film de Cameron Crowe avec, entre autres, Tom Cruise (David), Penelope Cruz (Sofia), Cameron Diaz (Julie) et Kurt Russell (McCabe), illustre avec une force émotionnelle et visuelle puissante l'importance des moments présents. Pour résumer brièvement l'histoire, le film s'intéresse au personnage de David, un jeune et brillant éditeur new-yorkais qui a tout pour lui : l'argent, la réussite professionnelle et les femmes. Défiguré après un accident de voiture, sa vie bascule brutalement. La scène finale se déroule sur le toit d'un immeuble. David souhaite mettre fin à ses jours en se jetant dans le vide. La musique *The Nothing Song* du groupe islandais Sigur crée une expérience sensorielle pour le spectateur. Quelles images reviennent-elles à l'esprit de David avant sa chute ? Lui bébé, puis lui enfant en train de jouer, puis riant avec sa mère, avant de laisser la place à ses premières amours, ses copains et encore lui enfant avec sa mère dans une piscine. Les personnes qui ont frôlé la mort ont parfois fait l'expérience de revivre à nouveau les événements marquants de leur vie avec précision, comme une sorte de « film panoramique » en accéléré.

Cessons de courir vers une quête effrénée de « toujours plus » et profitons pleinement de l'instant présent et des petits moments simples de notre vie. Vivre pleinement le moment présent est la clé de la paix intérieure. Le passé n'a alors plus d'emprise et nous cessons de vouloir combler un vide.

Pour attirer à soi le meilleur, il faut être capable de se transformer intérieurement. Atteindre sa cohérence, sa résonance, nourrir ses sens de quiétude et d'épanouissement... Et se rendre compte, au bout du compte, que l'important n'est pas le résultat, mais le chemin parcouru.

Bien entendu, suivre la loi de l'attraction ne lève pas tous les obstacles – ils font partie de la vie –, mais la mettre en pratique nous apprend à les considérer comme des opportunités de transformer notre manière de penser et de voir le monde qui nous entoure différemment.

PORTRAITS CROISÉS

Alexandre : après le chaos la renaissance

« Ma vie est un chaos », me dit Alexandre. À 32 ans, Alexandre en paraît 50. Il a le visage marqué par les épreuves et le regard sombre d'un homme en souffrance.

Pourtant, Alexandre avait tout pour réussir. Beau garçon, issu d'une famille franco-américaine aisée, il passe son enfance en Californie et sort diplômé de la prestigieuse université de Yale. Ingénieur, il intègre une société américaine qui conçoit les robots du futur au cœur de la Silicon Valley. Son leadership naturel et sa capacité à oser lui permettent de devenir rapidement directeur de l'innovation. Alors qu'il est apprécié par l'ensemble de ses collaborateurs pour son dynamisme et son écoute, comment Alexandre va-t-il en l'espace de cinq ans connaître l'enfer ?

C'est une simple rencontre qui va changer sa trajectoire. Nous avons beau être bien préparés, la vie met parfois sur notre chemin la mauvaise personne au mauvais moment. Comme le dit le réalisateur Patrice Leconte au travers de son personnage dans son film *La Fille sur le pont* : « Il n'y a pas de mauvaise route, il n'y a que des mauvaises rencontres. » En l'occurrence, la rencontre s'appelle Jane. Jane a 22 ans. Elle est considérée par ses pairs comme la future grande violoniste de sa génération. Gracieuse, elle a le même regard que la légendaire Elizabeth Taylor. Jane doit rejoindre son orchestre au New York City Ballet pour interpréter la célèbre *Sérénade* de Tchaïkovski quand Alexandre la rencontre pour la première fois au terminal 4 de l'aéroport de Los Angeles. Jane lui demande si c'est bien le terminal pour New York. Immédiatement sous le charme, Alexandre lui confirme et décide d'échanger plus longuement avec elle : un rendez-vous est fixé le lendemain à Manhattan. Un dîner et une nuit passionnée plus tard, Jane lui explique

que, pour tenir le rythme, elle s'envole parfois avec un peu de « poudre blanche ». Elle lui propose d'essayer. Alexandre hésite puis se convainc que cela le changera de sa vie californienne un peu trop normée. Les mois suivants, Alexandre multiplie les week-ends new-yorkais et « s'envole » régulièrement avec Jane dans son loft. Après deux ans de relation amoureuse, Jane décide de rompre. Un vrai coup dur pour Alexandre. Il ne s'en remet pas et sombre peu à peu dans la consommation d'héroïne. Un jour, son responsable lui dit : « Vous avez des plaies sur les bras, Alex. » Licencié le soir même, il n'arrive plus à gérer son addiction, s'isole et refuse d'en parler à son entourage. La veille de ses 30 ans, un cycliste le retrouve inanimé sur la plage de Santa Monica. Quand Alexandre rouvre les yeux, il est à l'hôpital, entouré de ses parents. Il est atteint d'une hépatite C.

Guéri, il décide de rentrer à Paris, mais est toujours replié sur lui-même. Son expertise dans la robotique lui permet d'intégrer une start-up française. C'est pourtant le début d'une longue traversée du désert : rechute, tentatives de suicide, dépression. Son psychiatre lui conseille de faire en parallèle un travail de développement personnel. Lors de notre première rencontre, Alexandre est sceptique. Il ne croit plus en sa capacité à rebondir.

Je lui demande : « Qu'est-ce qui vous a le plus animé pendant votre enfance ? » Sa réponse est franche et spontanée : « Jouer du piano. » Il me décrit son plaisir à pianoter pendant des heures en attendant que ses parents rentrent à la maison. La musique est toujours un moyen pour lui de voyager intérieurement et d'exprimer ses émotions. « Alors pourquoi ne pas recommencer à jouer pour le plaisir lors de votre temps libre ? » Le visage d'Alexandre s'illumine. Je le sens pour la première fois enthousiaste. Au fil de nos séances, je découvre un homme audacieux et animé par une envie de reprendre le contrôle de sa vie. Il m'avoue que cette épreuve a été un moyen de faire « connaissance avec lui-même ». Il décide d'intégrer un groupe de jazz amateur. Au fil des mois, il prend la décision de démissionner pour se consacrer pleinement à sa passion : la musique. Ses parents l'aident financièrement à démarrer cette nouvelle aventure. Aujourd'hui, Alexandre se produit sur de nombreuses scènes et est enfin à sa place.

Le peuple japonais : un modèle de résistance

Tous les personnages historiques évoqués précédemment ont vécu le chaos à un moment de leur vie. Le peuple japonais illustre, quant à lui, la capacité collective à surmonter le chaos.

De par sa situation géographique, le Japon doit faire face à un risque de chaos permanent : tremblements de terre, tsunamis, volcans.

Après avoir souffert de deux bombes atomiques, le Japon s'est propulsé dans les premiers rangs mondiaux de l'économie. La capitale, Tokyo, est aujourd'hui une métropole prospère, pourtant détruite à plusieurs reprises. À la sortie de la Seconde Guerre mondiale, le Japon n'était plus qu'un vaste champ de ruines.

Les décennies suivantes ont été l'occasion pour ce pays de panser ses plaies. Le peuple japonais a su se réinventer, voyant son niveau de vie augmenter considérablement, pour atteindre celui des pays les plus riches de la planète.

Le 11 mars 2011, une nouvelle catastrophe frappe violemment le Japon. Un séisme de magnitude 9 provoque un tsunami et balaie de nombreuses villes, faisant des milliers de victimes. Une vague meurtrière a également provoqué l'accident de la centrale nucléaire de Fukushima, dont les traces sont encore visibles. Chaque année, le terrible film des événements traverse encore les esprits du peuple japonais : des hordes de salariés affolés quittant les gratte-ciel de Tokyo, des images effroyables de villes entières balayées par le tsunami, des dizaines de milliers de personnes portées disparues...

Malgré ce chaos, le Japon se relève une nouvelle fois. Stimulé par une solidarité collective, il se rassemble autour de son identité caractérisée par sa capacité de résistance, d'adaptation et de dépassement de soi. Cette catastrophe a d'ailleurs donné naissance à des initiatives locales, court-circuitant les mesures officielles – même si le pouvoir les a soutenues.

Au Japon, les dimensions positives et négatives du risque sont très liées. Les épreuves ont exacerbé le niveau de résilience des Japonais, qui ont cette capacité à dépasser le chaos en le transformant en dynamique collective, porteuse de changements positifs. Pour reprendre le proverbe japonais : « Sept fois à terre, huit fois debout. »

Conclusion

Maintenant que vous avez découvert les 7 lois, peu importe le passé, le secret de votre changement consiste à concentrer votre énergie sur votre présent pour créer de la nouveauté et non vous battre contre les fantômes du passé. Reconnaître ou trouver la personne que vous êtes réellement devient alors la plus grande des richesses.

Votre réalisation passe par la création d'un changement individuel : car c'est dans le pouvoir de se changer soi-même qu'existe le pouvoir de changer le monde autour de vous.

J'ai pris beaucoup de plaisir à écrire ce livre comme j'en ai à accompagner des femmes et des hommes en quête de changement. Ma plus grande fierté serait de pouvoir, grâce à ce livre, vous aider à prendre le recul suffisant pour faire un premier pas, puis d'autres. J'aimerais que des prises de conscience aient lieu, que vous preniez des décisions significatives pour accomplir un vrai changement porteur d'espoir.

Quoi qu'il en soit, je suis heureux d'avoir partagé cette exploration du changement avec vous. Bonne route !

Bibliographie

Loi 1

- *The Wisdom of the Body* de Walter Bradford Cannon, W. W. Norton & Company 1932 et Rev. et Enl. Ed edition, 1963.
- *Un long chemin vers la liberté (Long Walk to Freedom)* de Nelson Mandela, Fayard, 1995, trad. de l'anglais par Jean Guiloineau.
- « The Social Dimension of Stress Reactivity : Acute Stress Increases Prosocial Behavior in Humans » [archive] Psychological Science 2012 ; 23(6) : 651-660.
- « Blessings Versus Burdens : An Experimental Investigation of Gratitude and Subjective Well-Being in Daily Life » de Robert A. Emmons et Michael E. McCullough, University of Miami Journal of Personality and Social Psychology, 2003, Vol. 84, No. 2, 377–389.
- Article « Banques : suppression du fichier des entrepreneurs ayant fait faillite », Interview de Fleur Pellerin, *Le Parisien*, septembre 2013.

Loi 2

- *Les Secrets de la communication – Les techniques de PNL* de Richard Bandler et John Grinder, Collectif, L'Homme, Collection : Alter Ego, 10 février 2005.
- « Microglia Contact Induces Synapse Formation in Developing Somatosensory Cortex » du Dr Kiko Miyamoto, août 2016.
- *L'Âme et le Soi : Renaissance et Individuation* de Carl Gustav Jung, Albin Michel, 1990.

• Films *The Dark Knight*. Une trilogie fondée sur le personnage de Batman des éditions DC Comics. Réalisation : Christopher Nolan. Distribution : Warner Bross
• Étude du *European Heart Journal* du 4 mars 2014.
• *Conversations intimes*, Winston Churchill et Clémentine Churchill, Tallandier, 2013.
• *Guérir* du Dr David Servan-Schreiber, Robert Laffont, 2003.

Loi 3
• *Le Manager intuitif* de Meryem Le Saget, Dunod, 1992.
• *L'Interprétation du rêve* de Sigmund Freud, Points, 2013 (Jean-Pierre Lefebvre pour la préface et la traduction).
• *L'Or du Rhin* est un opéra allemand en un acte de Richard Wagner, composé en 1854 ; première interprétation en public le 22 septembre 1869.
• « Everyone was Thankful that we Didn't Take off with that Plane », Bysharon Usadin, 16 avril 2015, *The Jerusalem Post*.
• *Steve Jobs* de Walter Isaacson, Simon & Schuster, 2015.

Loi 4
• « Emotional Intelligence : Key Readings on the Mayer and Salovey Model » de Peter Salovey, Marc A., Ph.D. Brackett, John Mayer, Broché, Natl Professional Resources Inc, janvier 2004.
• *Emotional Intelligence*, de Daniel Goleman, Bantam Books, 1995.
• *BarOn EQ-i (Emotional Quotient Inventory) Technical Manual* de Ph.D. Reuven Bar-On, MHS 2007.
• *Résilience connaissances de base* de Boris Cyrulnik, Odile Jacob, 2012.
• *Le Livre des coïncidences – Vivre à l'écoute des signes que le destin nous envoie* du Dr Deepak Chopra, Poche, J'ai Lu, 2009.
• *Le Noyau énergétique de l'être humain* du Dr John Pierrakos, Éditions Sand, 1991.

• *Les 5 blessures qui empêchent d'être soi-même* de Lise Bourbeau, Pocket, 2006.
• « Charles Chaplin, l'intégrale des films » avec Charlie Chapin et Merna Kennedy, Universal, 2015.

Loi 5

• *Comment gérer les personnalités difficiles* de Christophe André et François Lelord, Odile Jacob, 2000.
• « The Road To Excellence : the Acquisition of Expert Performance in the Arts and Sciences, Sports, and Games » de K. Anders Ericsson, Psychology Press, juin 1996.
• *Outliers : The Story of Success* de Malcolm Gladwell, Little, Brown and Company, 2008.
• *Bill Gates : A Biography* de Michael B. Becraft, Greenwood Biographies, 2014.
• *Napoléon et la campagne de Russie – 1812* de Jacques-Olivier Boudon, 1812, Armand Colin, 2012.

Loi 6

• *Les Quatre Accords toltèques – La voie de la liberté personnelle* de Miguel Ruiz, Éditions Jouvence, 2006.
• *Plaidoyer pour le bonheur* de Matthieu Ricard, Pocket, 2004.
• *Alone Together* de Sherry Turkle, Basic books, 2012.
• Étude du Dr Alex Jordan in *Personality and Social Psychology Bulletin.*
• *Mes Pensées* de Montesquieu, Poche, Folio Classique, 2014.
• *Aung San Suu Kyi : Le jasmin ou la lune* de Thierry Falise, J'ai Lu, 2008.

Loi 7

• Courbe des étapes du deuil (inspirée des travaux d'Elisabeth Kübler-Ross)
• Étude parue le 22 décembre 2010 dans le *Personality and Social Psychology Bulletin* de Alex Jordan, Benoit Monin.

- *Mistral gagnant* de Renaud. Auteur Renaud Séchan, Compositeur Renaud Séchan et Jean-Philippe Goude, Label Virgin France, 1985.
- *Le Pouvoir du moment présent*, de Eckhart Tolle, J'ai Lu, Poche, 2010.
- *Vanilla Sky* est un film américain de 2001, réalisé par Cameron Crowe. C'est un remake du film espagnol *Ouvre les yeux*, réalisé par Alejandro Amenábar en 1997.
- *The Nothing Song* de Sigur Rós, Album : Arno, 2001.
- *Fukushima : Récit d'un désastre* de Michaël Ferrier, Folio, 2013.

Remerciements

Je tiens à remercier mes parents, ma grand-mère Céline, Véra ma sœur, Laure ma bien-aimée, Laurent mon frère de cœur, Franck mon ami et mon fils chéri.

Et aussi Agnès pour son soutien, Hélène pour sa patience et Fabienne pour son écoute.

À propos de l'auteur

Maxime Coignard est coach professionnel et consultant en communication.
Diplômé d'HEC Paris, spécialisation en innovation à Babson College (États-Unis), il est membre associé de l'« International Coach Federation ».
Son cabinet parisien, Diadem, accompagne des femmes et des hommes, mais aussi des équipes et des entreprises dans la réussite de leurs projets.
Maxime Coignard a exercé différentes responsabilités pendant près de vingt ans en France, en Asie et en Océanie. Une longue expérience du développement personnel et de la diversité humaine qu'il met à profit dans son travail et accessible à tous grâce à cet ouvrage.

Également chez Marabout

Elisabeth Grimaud

beau
LA FORMULE MAGIQUE
bien
POUR SOURIRE À LA VIE !
bon

MARABOUT

SHONDA RHIMES
L'ANNÉE DU
OUI
MARABOUT

AMY CUDDY

MONTREZ LEUR QUI VOUS ÊTES

Modifier votre attitude corporelle pour atteindre vos rêves

MARABOUT

Hélène Vecchiali

moi moi et MOI

narcissisme : le bon, le mauvais, le pathologique

MARABOUT

Photocomposition Nord Compo

Imprimé en Espagne par Rodesa en août 2017

pour le compte des Éditions Marabout.

Dépôt légal : août 2017

7000352/01

ISBN : 978-2-501-12407-2